Holt Spanish 3

Cuaderno de vocabulario y gramática

HOLT, RINEHART AND WINSTON

A Harcourt Education Company

Orlando • **Austin** • New York • San Diego • Toronto • London

ISBN 0-03-074498-9

26 27 28 29 30 0304 19 18 17 16 15

4500542769

Table of Contents

CAPÍTULO

¡Adiós al verano!

1 Escoge la palabra que complete mejor las siguientes oraciones.

_____ **1.** En la costa hay muchas actividades para
　　　a. acampar.　　　　**b.** divertirnos.　　　　**c.** aburrirnos.

_____ **2.** Me asustaron los truenos y
　　　a. los relámpagos.　**b.** la brisa.　　　　**c.** la llovizna.

_____ **3.** Me gusta hacer windsurfing y esquí acuático; por eso viajé a
　　　a. la costa.　　　　**b.** la ciudad.　　　**c.** el bosque.

_____ **4.** Me aburren los deportes, así que preferí pasear y
　　　a. patinar en línea.　**b.** trotar.　　　　**c.** conversar.

_____ **5.** Fui al bosque a
　　　a. hacer windsurfing.　**b.** coleccionar caracoles. **c.** acampar.

2 Separa las actividades del cuadro según los lugares en donde se realizan.

| montar a caballo | hacer windsurfing | patinaje en línea | acampar |
| natación | esquí acuático | pasear | |

en el bosque	en la ciudad	en la costa

3 Completa la siguiente historia con las palabras del cuadro.

| a cántaros | llovizna | tormenta | de película | caminata |
| calor | naipes | bosque | acampar | |

El fin de semana pasado fui al (**1**) _____ con mis amigos.

Encontramos el lugar perfecto para (**2**) _____ . Dimos una

(**3**) _____ por el lugar. Hacía (**4**) _____ pero

al poco rato comenzó a llover. Era sólo una (**5**) _____ , pero

poco después comenzó a llover (**6**) _____ , por lo que corrimos

al campamento. Después de que terminó la (**7**) _____ , hicimos

una fogata y jugamos (**8**) _____ . ¡Lo pasamos

(**9**) _____ a pesar de la lluvia!

1

VOCABULARIO 1

4 Lee las oraciones y decide si cada una es **cierta (C)** o **falsa (F)**.

_____ **1.** Pasarlo de película es aburrirse.

_____ **2.** Una llovizna es una tormenta.

_____ **3.** Se puede montar a caballo en el bosque.

_____ **4.** Los relámpagos son sonidos muy fuertes en una tormenta.

_____ **5.** Los monumentos a menudo se encuentran en la ciudad.

_____ **6.** Se puede ir a acampar a las montañas.

_____ **7.** Se puede hacer esquí acuático en el desierto.

_____ **8.** A algunas personas les aburre hacer crucigramas.

5 Escoge la palabra del cuadro que corresponda a cada definición.

naipes	grados	trueno	catedral	aburrirse	natación

_____ **1.** Un edificio religioso muy importante.

_____ **2.** Un sonido muy fuerte durante una tormenta.

_____ **3.** Algo que se hace en el mar o en una piscina.

_____ **4.** Pueden ser Fahrenheit o centígrados.

_____ **5.** Lo contrario de divertirse.

_____ **6.** Los necesitas para jugar *Go Fish*.

6 Escribe las preguntas que correspondan a las siguientes respuestas. Usa las expresiones de **¡Exprésate!** y sigue el modelo como guía.

MODELO ¿Qué tal lo pasaste?

Lo pasé de maravilla.

1. _____

Fui a acampar con mi familia.

2. _____

Lo pasamos de película.

3. _____

Viajé a la costa porque me encantan los deportes acuáticos.

4. _____

Lo encontré muy interesante.

5. _____

Lo pasé muy mal porque llovió a cántaros.

VOCABULARIO 1

7 Escoge la palabra del cuadro que corresponda a cada definición.

tren	monumentos	conversar	caracoles	trotar

_____ **1.** Puedes realizar esta actividad por teléfono o en persona.

_____ **2.** Es una forma de hacer ejercicio.

_____ **3.** Es un medio de transporte.

_____ **4.** Los encuentras en la playa y puedes coleccionarlos.

_____ **5.** Sirven para recordar a héroes del pasado.

8 Escribe lo que les gustaba hacer a las siguientes personas. Usa verbos como **gustar, soler, encantar,** etc.

MODELO Ellos / patinar en línea   **A ellos les gustaba patinar en línea.**

1. Yo / montar a caballo

_____

2. Mi papá / hacer crucigramas

_____

3. Mis amigos / coleccionar caracoles

_____

4. Mis hermanas / jugar naipes

_____

5. Mi familia / viajar a la costa

_____

9 Escribe cuatro frases explicando lo que te gustaba hacer cuando eras pequeño(a). Usa el vocabulario del cuadro y las expresiones de ¡**Exprésate!**

al aire libre	montar a caballo	acampar	leer cuentos

1. _____

2. _____

3. _____

4. _____

¡Adios al verano!

Preterite and imperfect
- The preterite is used to talk about an event that happened one or more times at a specific moment in the past.

  El año pasado **estudié** japonés.
- The imperfect is used to talk about an event that used to happen in the past.

  Mis abuelos siempre me **traían** un regalo cada vez que me **visitaban.**
- Use the imperfect for descriptions in the past. Use the preterite to describe a specific situation or event in the past.

  Las casas **estaban** en mal estado, pero la gente **era** simpática y servicial.

  La fiesta **estuvo** aburrida y la gente **se fue** temprano.

---

10 Completa este párrafo con la forma correcta de los verbos del cuadro.

ir	ser	bailar	haber	pasar	celebrar

El año pasado (**1**) _____ de vacaciones al pueblo de mis abuelos. Me lo

(**2**) _____ de maravilla, sobre todo durante las fiestas. Una noche

(**3**) _____ un concierto en la plaza del pueblo. También se

(**4**) _____ un concurso de tortillas. La orquesta (**5**) _____ muy

buena, y mis primos (**6**) _____ durante toda la noche y ganaron algunas

tortillas.

11 Contesta estas preguntas con frases completas.

   1. ¿Dónde ibas de vacaciones cuando eras niño?

   _____

   2. ¿Qué te parecía el lugar?

   _____

   3. ¿Qué tiempo hacía?

   _____

   4. ¿Qué actividades hacías?

   _____

   5. ¿Qué tal lo pasabas?

   _____

GRAMÁTICA 1

The uses of *ser* and *estar*

Use **ser**:
- to describe physical/personal traits
- to tell time
- to say what someone's profession is
- to talk about nationality and origin

Use **estar**:
- to say where something or someone is located
- to describe physical condition, emotional state, or taste
- with the present participle (**-ando/ -iendo**) to form the present progressive

---

12 Completa las oraciones con la forma correcta de **ser** o **estar**.

1. La torre Eiffel _____ en Francia.

2. Sophie _____ francesa.

3. Yo _____ estudiante.

4. Nosotros _____ en el colegio.

5. _____ las diez y media.

6. Mi hermano _____ alto.

7. Ellas _____ de Argentina.

8. La sopa _____ salada.

9. Los niños _____ contentos.

10. Nosotros _____ estudiando.

13 Completa la siguiente historia con **ser** o **estar**.

Yo (**1**) _____ de México y mi amigo (**2**) _____ de Perú, pero

ahora (**3**) _____ en Estados Unidos. Nosotros (**4**) _____

estudiantes y hoy (**5**) _____ estudiando para un examen de matemáti-

cas. (**6**) _____ las seis de la tarde y el examen (**7**) _____ mañana

a las ocho de la mañana. (**8**) _____ preocupados por el examen pero

(**9**) _____ inteligentes y sabemos que podemos sacar buenas notas.

Ana, nuestra compañera de clase, (**10**) _____ en la biblioteca, pero

Pedro, otro compañero, (**11**) ¡ _____ en el cine! Parece que él no

(**12**) _____ preocupado por el examen.

GRAMÁTICA 1

> ### Subjunctive mood
>
> The **subjunctive** mood can be used to:
>
> • express wishes (**esperar que, querer que, preferir que**)
>
> • give advice and opinions (**es mejor que, es buena idea que, es importante que, aconsejar que, recomendar que, sugerir que**)
>
> The subjunctive is used in the subordinate clause (after the conjunction **que**) when there is a change of subject between the main and subordinate clauses.
>
> La profesora **quiere** que **estudiemos** mucho para el examen.

14 Para cada oración, escribe la forma correcta del verbo indicado. Usa el presente del subjuntivo.

1. Quiero bajar de peso. Por eso es importante que yo _____ (hacer) más ejercicio.

2. Pablo está enfermo. Es mejor que él _____ (ir) al doctor.

3. Tu examen va a ser difícil y te recomiendo que _____ (estudiar) mucho.

4. Lisa y Vicky se sienten cansadas. ¿Les recomiendas que _____ (dormir) ocho horas diarias?

5. Si Ud. quiere ser un cantante famoso, le aconsejo que _____ (practicar) con más frecuencia.

6. Puesto que siempre llegamos tarde a clases, papá nos recomienda que

   _____ (levantarse) más temprano.

15 Guillermo nunca ha ido a Toledo, pero su amiga Laura fue el verano pasado. Escribe las recomendaciones de Laura sobre los lugares que Guillermo debe visitar y las actividades que debe hacer. No te olvides de usar el subjuntivo.

MODELO ir en autobús **Te recomiendo que vayas en autobús.**

1. visitar el Alcázar de Toledo

   _____

2. sacar fotos desde el mirador

   _____

3. pasar por la Puerta de Bisagra

   _____

4. comer en la Plaza de Zocodóver

   _____

Cuaderno de vocabulario y gramática

¡Adiós al verano!

VOCABULARIO 2

16 Ordena las letras de las siguientes palabras basándote en las pistas.

Pista	Letras	Palabra
1. Actividad del club de debate.	artoaroi	
2. Composiciones breves que riman a veces.	mposea	
3. Se ponen en las cartas para enviar por correo.	spamelilsta	
4. Alguien que no puede esperar.	pcantimiee	
5. Alguien que está siempre sólo.	tooslairi	

17 Lee las oraciones y decide si cada una es **cierta (C)** o **falsa (F)**.

_____ 1. Para mantenerse en forma hay que seguir una dieta balanceada.

_____ 2. Hay que tener talento para escribir poemas y cuentos.

_____ 3. Para diseñar páginas Web no hay que ser creativo.

_____ 4. Para coleccionar estampillas debes ser paciente.

_____ 5. Si quieres entrar al club de debate debes tener ganas de discutir.

_____ 6. Alguien solitario se hace amigo de las personas fácilmente.

_____ 7. El golf es una actividad tranquila.

_____ 8. No debes estar en forma para practicar el atletismo.

18 Escoge la palabra que complete mejor las siguientes oraciones.

_____ 1. Para hacer cualquier actividad, esa actividad te debe
   a. interesar.   **b.** aburrir.   **c.** participar.

_____ 2. ¿Puedes darme algún
   a. trueno?   **b.** consejo?   **c.** bosque?

_____ 3. Soy muy impaciente y me aburre
   a. hacer gimnasia.   **b.** practicar atletismo.   **c.** observar la naturaleza.

_____ 4. Recibo muchas cartas; por eso colecciono
   a. caracoles.   **b.** pósters.   **c.** estampillas.

_____ 5. Soy muy creativo; por eso siempre tengo ganas de
   a. jugar al golf.   **b.** saltar a la cuerda.   **c.** diseñar por computadora.

_____ 6. Si te gusta tocar un instrumento musical, te recomiendo practicar
   a. el atletismo.   **b.** en la banda escolar.   **c.** la natación.

VOCABULARIO 2

19 Escoge la palabra del cuadro que corresponda a la definición correcta.

_____ **1.** Esta actividad la realizas con una pelota blanca y un palo de metal.

_____ **2.** Aquí dos grupos discuten temas importantes.

_____ **3.** Si tienes talento musical, debes participar en este grupo.

_____ **4.** Para realizar esta actividad hay que tener un cuerpo flexible.

_____ **5.** Si eres buen corredor debes hacer esta actividad.

a. el atletismo
b. la banda escolar
c. el club de debate
d. jugar al golf
e. la gimnasia

20 Pedro y Jorge son muy diferentes. Pedro es calmado y solitario, mientras que Jorge es impaciente y hace muchos amigos. Divide las actividades del cuadro en dos listas: las que son apropiadas para Pedro y las que son mejores para Jorge.

participar en la banda escolar	participar en el club de debate	
hacer ejercicios aeróbicos	observar la naturaleza	jugar al golf
practicar atletismo	coleccionar monedas	saltar a la cuerda

Actividades para Pedro	Actividades para Jorge

21 Contesta las preguntas según la información dada (given).

1. Quiero diseñar páginas Web. ¿Cómo debo ser?

_____

2. Soy muy paciente y me gusta dar caminatas. ¿Qué consejo tienes?

_____

3. Soy muy nervioso. ¿Qué debo hacer?

_____

4. Necesito mantenerme en forma. ¿Qué me recomiendas?

_____

5. Me siento muy cansado. ¿Puedes darme algún consejo?

_____

VOCABULARIO 2

22 Completa la conversación con la forma correcta de las palabras del cuadro.

nervioso	tener	pensar	practicar
deber	ir	recomendar	

1. —¡Hola, Arturo! ¿Qué te pasa? Te veo _____ .

2. —Tengo un examen muy difícil; por eso _____ ganas de estudiar.

3. —¿Y qué _____ a hacer para estudiar?

4. —Voy a ir a casa de Ana para _____ el vocabulario con ella.

5. —¿Y qué _____ hacer si ella no está en casa?

6. —Pues, no he pensado en eso. ¿Qué me _____ ?

7. —_____ llamar a alguien más. Pero en el futuro, ¡trae tu libro a casa!

23 Un(a) amigo(a) te está preguntando sobre los planes que tienes para el próximo año. Contesta las preguntas usando el vocabulario y las expresiones de **¡Exprésate!**

1. ¿Qué vas a hacer para mantenerte en forma?

   _____

2. ¿Qué vas a hacer para relajarte?

   _____

3. ¿Qué cambios vas a hacer?

   _____

4. ¿Adónde piensas ir el año próximo?

   _____

5. ¿Vas a hacer alguna nueva actividad?

   _____

6. ¿Piensas comenzar algún pasatiempo *(pastime)*?

   _____

¡Adiós al verano!

Pronouns

- The **subject pronouns yo, tú, él, ella, Ud., nosotros, vosotros, Uds., ellos,** and **ellas** are not used as frequently in Spanish as they are in English because the verb ending usually tells us who is performing the action of the verb.

- Before **lo(s)** and **la(s), le(s)** changes to **se.**

- **Yo** and **tú** change to **mí** and **ti** when they are used as objects of prepositions.

- Other pronouns you already know:

  direct object pronouns: **me, te, lo, la, nos, os, los, las**

  indirect object pronouns: **me, te, le, nos, os, les**

  reflexive pronouns: **me, te, se, nos, os, se**

---

24 Vuelve a escribir las oraciones y sustituye las palabras subrayadas con el pronombre que corresponda u omítelas.

> **MODELO** Voy a jugar <u>el partido de fútbol.</u>   **Lo voy a jugar.**

1. Ayer llamé por teléfono <u>a Ana.</u> _____

2. Los domingos compro <u>el periódico.</u> _____

3. <u>Ana y Sara</u> siempre estudian juntas. _____

4. Le di el libro <u>a Pedro.</u> _____

5. Vi <u>a mis amigas</u> este verano. _____

6. Escribo <u>cuentos</u> en mi tiempo libre. _____

7. <u>Pepe y yo</u> corrimos dos millas ayer. _____

8. Yo le pedí otro plato <u>al mesero</u> para Elena. _____

25 Completa las siguientes oraciones con el pronombre que corresponda. Presta atención a las palabras subrayadas.

1. Por las mañanas <u>yo</u> _____ baño y _____ visto. Cuando bajo, mi mamá ya ha preparado el <u>desayuno.</u> Yo _____ como rápidamente para no llegar tarde a clase.

2. —Oye Paca, ¿qué regalo _____ trajo el tío Juan a <u>ti</u>?

   —A <u>mí</u> _____ trajo una <u>blusa.</u> ¿No _____ viste?

   —No. Mira, a _____ <u>me</u> trajo estos <u>pantalones.</u> ¿Qué te parecen?

   —Yo _____ veo muy bien.

GRAMÁTICA 2

> ### Comparisons, demonstrative adjectives and pronouns
>
> - To compare two unequal things, use **más/menos** + noun/adjective/adverb + **que:**
>
>   Adolfo es **más alto que** tú. Tengo **menos libros que** Ana.
>
> - Demonstrative adjectives are used to indicate items depending on their distance from the speaker.
>
> | | this/these | | that/those | | that/those (further away) | |
> |---|---|---|---|---|---|---|
> | | *singular* | *plural* | *singular* | *plural* | *singular* | *plural* |
> | masculino | este | estos | ese | esos | aquel | aquellos |
> | femenino | esta | estas | esa | esas | aquella | aquellas |
>
> - To avoid repeating the noun, use the demonstrative pronoun, which is formed by adding an accent to the adjective (**éste, ése, aquél**...).

26 Fuiste de compras con tu mamá y ella tiene opiniones muy fuertes sobre la comida. Completa lo que te dijo con pronombres y adjetivos demostrativos.

¿Te acuerdas de (1) _____ bistec que comimos en casa de tía Rosa? Era

más grande que (2) _____ bistec de tu cesta. Y (3) _____

naranjas son menos dulces que las naranjas de la otra tienda. Prefiero

(4) _____ porque me gustan las naranjas dulces. Además van mejor con

(5) _____ helado que tienes en la mano. Y no tengo que decirte que

(6) _____ queso aquí tiene más sabor que (7) _____ queso que

nos sirvió tía Rosa.

27 Compara los siguientes objetos usando el adjetivo en paréntesis y los signos de (+) y (-). Para no repetir los sustantivos, usa uno de los pronombres demostrativos.

MODELO (grande) este puente (+) / aquel puente (-)

Este puente es más grande que aquél.

1. (rápido) este equipo de atletismo (-) / ese equipo (+)

   _____

2. (alta) esa torre (-) / aquella torre (+)

   _____

3. (solitaria) esta niña (+) / esa niña (-)

   _____

4. (interesantes) esos libros (+) / aquellos libros (-)

   _____

> ## Negative words and time constructions
>
> - The word **ninguno(a)/ningún** is usually only used in the singular, and agrees with the noun it describes. This word, as well as **nunca** and **jamás,** can be placed before or after the verb phrase. If they are placed after the verb phrase, use **no** before the verb phrase.
>
>   **Jamás** quiero visitar ese lugar.   **No** quiero visitar ese lugar **jamás.**
>
> - To talk about an event that began in the past and is still going on in the present, use the construction **hacer + time + que + verb.**
>
>   **Hace un año que** estudio música.
>
> - You can also simply use **hacer + time** to describe how long ago an event happened.
>
>   **Hace dos semanas,** empezamos las clases en el colegio.

28 Completa las siguientes oraciones con **ningún, ninguno(a), nunca** o **jamás.**

1. _____ he visitado _____ país donde hablen español.

2. No he visto _____ película con ese actor.

3. Mi hermano _____ ha participado en la banda escolar.

4. No he hecho _____ deporte en el colegio.

5. Mi papá me dijo que hay restaurantes por aquí, pero no he visto

   _____ .

29 Contesta las siguientes preguntas con la información en paréntesis.

MODELO ¿Hace cuánto tiempo que practicas atletismo? (dos años)
   Hace dos años que practico atletismo.

1. ¿Hace cuánto tiempo que tus papás salieron de vacaciones? (una semana)

   _____

2. ¿Hace cuánto tiempo que viste esa película? (un mes)

   _____

3. ¿Hace cuánto tiempo que participas en la banda escolar? (seis meses)

   _____

4. ¿Hace cuánto tiempo que fueron ustedes a acampar? (tres años)

   _____

5. ¿Hace cuánto tiempo que juegas al golf? (cinco años)

   _____

¡A pasarlo bien!

1 Separa las siguientes actividades del cuadro en dos columnas: las que se hacen al aire libre *(outside)* y las que se hacen bajo techo *(inside)*.

los juegos de computadora	el atletismo	el salto de altura
la escalada deportiva	el ciclismo	el boliche
los rompecabezas	la esgrima	el dominó
el senderismo	el remo	el kárate

al aire libre	bajo techo

2 Sustituye el elemento subrayado por una palabra o frase de **Vocabulario.**

_____ **1.** Los pasatiempos inactivos como el dominó <u>me hacen bostezar</u> *(yawn)*. ¡Qué poco interés!

_____ **2.** <u>¡No puedo tolerar</u> la esgrima! Francamente me parece muy anticuado como deporte.

_____ **3.** Voy a <u>subir a</u> una montaña en la Sierra de Cuenca este fin de semana.

_____ **4.** <u>Me divierto bastante</u> practicando el atletismo con el equipo de mi colegio.

_____ **5.** Si quieres ser bueno para el ciclismo, necesitas <u>hacerlo</u> regularmente.

_____ **6.** Los juegos de computadora que hay hoy en día son <u>estupendos</u>.

_____ **7.** ¿Piensas <u>hacer el</u> boliche con tu prima este jueves por la noche?

_____ **8.** ¡Anímate, Carlos! No nos aceptarán en el club de remo si no vas a <u>mover los remos</u>, hombre.

3 Completa la conversación entre Raúl y Enrique con las palabras del cuadro.

aficionado	fanático	paso	deporte	maravilla	genial

Raúl Disfruté mucho del partido de fútbol.

Estuvo (**1**) _____ .

Enrique Estoy de acuerdo. Fui a verlo y lo pasé de (**2**) _____ .

Raúl No sabía que eras (**3**) _____ a los deportes.

Enrique Sí, me la (**4**) _____ practicándolos y viéndolos.

Raúl Y a ti, ¿qué (**5**) _____ te gusta más?

Enrique Me gusta el fútbol pero la verdad es que soy un

(**6**) _____ del jai-alai. Es mi deporte favorito.

4 Lee las oraciones y decide si cada una es **cierta (C)** o **falsa (F)**.

_____ **1.** Si el dominó me aburre, quiero jugarlo todo el tiempo.

_____ **2.** Si soy muy bueno para las artes marciales, gano a menudo en el kárate.

_____ **3.** Si creo que los rompecabezas son estupendos, disfruto al hacerlos.

_____ **4.** Si nunca pierdo un partido de fútbol, es que el fútbol me deja frío.

_____ **5.** Si soy un gran aficionado a los deportes, me la paso practicándolos.

5 Vuelve a escribir las oraciones utilizando la frase del cuadro que corresponda a las palabras subrayadas.

me aburren	me dejan frío(a)	es un gran aficionado a
geniales	es buena para	nos la pasamos

1. Las artes marciales no me causan emoción.

_____

2. Tu papá está loco por los deportes.

_____

3. Laura tiene mucho talento para el salto de altura.

_____

4. A Juan le gustan los juegos de computadora. Él cree que son fantásticos.

_____

5. Los rompecabezas me parecen poco interesantes.

_____

(**14**)

VOCABULARIO 1

6 Según las descripciones de Luis, José y Pablo, ¿cómo crees que se sienten con relación a las siguientes actividades?

Luis	José	Pablo
Le gusta correr.	Tiene miedo a las alturas.	No aguanta caminar.
Es muy impaciente.	Es aficionado a las artes marciales.	No sabe nadar.

1. Luis / el atletismo

_____

2. Luis / los crucigramas

_____

3. José / la escalada deportiva

_____

4. José / el kárate

_____

5. Pablo / el senderismo

_____

7 Completa las conversaciones con la oración más apropiada.

> Como quieras. Me da lo mismo.
> No vayamos a escalar. Mejor hagamos senderismo.
> ¿Te gustaría ir a ver el partido de jai-alai?
> No, gracias. Yo quiero estar afuera hoy porque hace buen tiempo.
> ¿Quieres ver una película? Yo te invito.

1. _____
— No, gracias. Ese deporte me deja frío.

2. _____
— Como quieras. Me gustan todos los deportes menos el jai-alai.

3. _____
— No, gracias. Iba a jugar al dominó con mi abuela. Vamos al cine otro día.

4. — No vayamos a practicar la esgrima. No la aguanto.

_____

5. — ¿Te gustaría jugar un juego de computadora?

_____

(15)

¡A pasarlo bien!

Imperfect

- Use the **imperfect** to talk about what one used to do, what happened repeatedly, or what happened in general.

-ar verbs:	**-aba, -abas, -aba, -ábamos, -abais, -aban**
-er and -ir verbs:	**-ía, -ías, -ía, -íamos, -íais, -ían**

- **Ser, ver,** and **ir** are irregular in the imperfect.

ser:	**era, eras, era, éramos, erais, eran**
ver:	**veía, veías, veía, veíamos, veíais, veían**
ir:	**iba, ibas, iba, íbamos, ibais, iban**

- Expressions that often take the imperfect: **muchas veces, a veces, (casi) siempre, todos los años/días.**

8 Completa las oraciones con el imperfecto del verbo que corresponda según el contexto.

1. Cuando era niño, yo _____ muchos amigos.

2. Nosotros no _____ mucho al cine, pero

   _____ muchas películas en casa.

3. Nosotros _____ a los juegos de computadora.

4. En ese tiempo, yo _____ gran aficionado al fútbol.

5. La verdad es que de niño, yo _____ mucho tiempo jugándolo.

ver
jugar
pasar
ser
ir
tener

9 Combina los elementos y forma oraciones sobre lo que a Pedro y a Alicia les gustaba hacer antes, y lo que les gusta hacer ahora.

1. Antes / Pedro / estar loco por / las artes marciales

   _____

2. Ahora / Pedro / encantar / el jai-alai

   _____

3. De niña / Alicia / preferir / el tiro con arco

   _____

4. Ahora / Alicia / practicar / el kárate

   _____

GRAMÁTICA 1

> ### Ir a + infinitive in the imperfect
> Use **ir a** + infinitive in the **imperfect** to state what someone *was going to do.*
>
> **Iba a ayudarte** con tu tarea, pero me llamó Ana por teléfono.
> **Iban a hacer senderismo** conmigo, pero estaba lloviendo.

10 Completa las oraciones con la forma del verbo que corresponda.

1. Sara (iba / ibas) _____ a hacer senderismo, pero se enfermó.

2. Lisa y yo (iban / íbamos) _____ a ver un partido, pero se acabaron las entradas.

3. Tú ibas a (juegas / jugar) _____ al boliche, pero el lugar estaba cerrado.

4. Mis amigos (iban / iba) _____ a remar, pero estaba lloviendo.

5. Yo iba a (practicar / practico) _____ ciclismo, pero estaba cansado.

11 Escribe lo que iban a hacer las siguientes personas.

1. Nosotros _____, pero llovía a cántaros.

2. Elena y Javier _____ atletismo, pero Elena tenía una pierna lastimada.

3. Mi hermano _____ el kárate, pero no tenía disciplina.

4. Yo _____ un rompecabezas, pero le faltaban piezas.

5. Tú _____, pero tenías miedo a las alturas.

12 Describe lo que iban a hacer estas personas, y explica por qué no lo hicieron.

Fernando   **Antonio**   **Jorge**

1. _____

2. _____

3. _____

17

GRAMÁTICA 1

Nosotros commands

- Nosotros commands express a desire for cooperation. To form affirmative and negative **nosotros** commands, use the **nosotros** form of the present subjunctive.

  Veamos la película.   **No salgamos** tarde.

- Object and reflexive pronouns are placed after the verb in the affirmative command and between **no** and the verb in the negative command:

  ¿Hacemos la tarea?   Sí hagámos**la**.   No, no **la** hagamos.

- Remember that if the verb is reflexive, the final **-s** is omitted and **nos** is added at the end, in the affirmative form.

  Preparémonos.   **No nos preparemos.**

- **Vamos** can mean *We're going* or *Let's go.* The equivalent of *Let's not go* is **no vayamos.**

---

13 Sugiérele a un(a) amigo(a) que hagan o no hagan las siguientes actividades, usando mandatos con la persona **nosotros.**

MODELO escalar este fin de semana   **Escalemos este fin de semana.**

1. practicar esgrima _____

2. jugar al boliche _____

3. hacer windsurfing _____

4. tomarse un descanso _____

5. ir a la fiesta _____

14 Contesta las siguientes preguntas usando mandatos con la persona **nosotros** y sustituyendo el complemento directo por su pronombre correspondiente.

MODELO ¿Preparamos la cena? (sí)
         Sí, preparémosla.

1. ¿Invitamos a Jorge? (sí) _____

2. ¿Vemos la televisión? (no) _____

3. ¿Hacemos el crucigrama? (sí) _____

4. ¿Buscamos los juegos de computadora? (sí) _____

5. ¿Llamamos a nuestros primos? (no) _____

6. ¿Compramos la bicicleta? (sí) _____

18

¡A pasarlo bien!

15 Lee las oraciones y decide si cada una es **cierta (C)** o **falsa (F).**

_____ 1. Usualmente, los amigos tienen mucho en común.

_____ 2. Alguien chismoso sabe guardar secretos.

_____ 3. No puedes contar con alguien solidario.

_____ 4. Hacer las paces es resolver un problema.

_____ 5. Alguien que te deja plantado respeta tus sentimientos.

_____ 6. Una persona que tiene celos es insegura.

16 En la primera columna escribe las características que describen a un buen amigo y en la segunda, las que describen a un mal amigo.

| creído | grosero | confiable | inseguro | seco | solidario | tolerante |
| terco | atento | generoso | honesto | leal | criticón | desleal |

Buen amigo	Mal amigo

17 Contesta las siguientes preguntas según tus gustos personales.

1. ¿Cómo debe ser un buen amigo?

_____

2. ¿Cómo es tu mejor amigo(a)?

_____

3. ¿Cómo no debe ser un buen amigo?

_____

4. ¿Qué buscas en un(a) novio(a)?

_____

5. ¿Qué es lo que te decepciona en un(a) novio(a)?

_____

19

VOCABULARIO 2

18 Estas personas quieren hacer nuevos amigos y han decidido poner un anuncio en el periódico. Completa los anuncios usando palabras de **Vocabulario** y expresiones de **¡Exprésate!**

Quiero una novia que sea _____ , que no sea _____ y que le guste _____ _____ .	Buscamos novios que no _____ , que no sean _____ _____ y que sean _____ .	Buscamos amigos que _____ _____ , que _____ _____ y que no _____ _____ .
Busco una amiga que le guste _____ , y que sea _____ y _____ .	Busco un amigo que sea _____ , que no sea _____ y que disfrute de _____ _____ .	

19 Completa la siguiente conversación entre Ana y Alicia con las frases del cuadro.

¿Qué te pasa? ¿Estás dolida? me dan ganas de llorar tenga fama de	sí, estoy entusiasmada te veo de buen humor tenía celos	rompí con lo quiero

Ana   (1) _____

Alicia   Sí, estoy decepcionada porque (2) _____

mi novio.

Ana   ¿Por qué lloras?

Alicia   (3) _____ porque aún

(4) _____ .

Ana   ¿Por qué rompieron entonces?

Alicia   Porque él no confía en mí y (5) _____ de

mis amigos.

Ana   Lo siento mucho.

Alicia   Pero yo (6) _____ .

Ana   (7) _____ porque conocí a un chico que tiene

mucho en común conmigo.

Alicia   Espero que él no (8) _____ ser celoso.

CAPÍTULO

2

VOCABULARIO 2

20 Ordena las letras de las siguientes palabras basándote en las pistas.

Pista	Letras	Palabra
1. alguien que apoya a los demás	drsoiiola	
2. alguien que no es amigable	ecso	
3. alguien que se siente superior a los demás	írdcoe	
4. no decir la verdad	remtni	
5. alguien que dice la verdad	shtoeno	
6. alguien que cree que siempre tiene la razón	crote	

21 Escoge la palabra que complete mejor cada una de las siguientes oraciones.

_____ **1.** Él no supo respetar mis sentimientos; por eso estoy tan ___.
     a. entusiasmado   **b.** decepcionado   **c.** inseguro

_____ **2.** Rompí con Luz porque era ___ y siempre hablaba mal de todos.
     a. terca   **b.** aburrida   **c.** chismosa

_____ **3.** Cuando me dejan plantado me siento muy ___.
     a. frustrado   **b.** inseguro   **c.** desleal

_____ **4.** Me sentí muy ___ porque teníamos mucho en común.
     a. inseguro   **b.** nervioso   **c.** entusiasmado

_____ **5.** Juan no supo guardar mis secretos; por eso me siento muy ___.
     a. entusiasmado   **b.** dolido   **c.** de buen humor

22 Completa las oraciones con tu propia opinión. Usa palabras de **Vocabulario** y expresiones de **¡Exprésate!**

1. Me siento frustrada cuando _____

2. Lo opuesto de chismear es _____

3. Una persona amigable es _____

4. Cuando un amigo siempre te ayuda, puedes _____

5. No vale la pena estar con personas que _____

¡A pasarlo bien!

GRAMÁTICA 2

Object pronouns

- The **direct object** is the noun upon which an action is performed. It can be replaced by a direct object pronoun (**me, te, lo/la, nos, os, los/las**).

    Yo voy a ver **la televisión.**   Yo **la** voy a ver.   Yo voy a ver**la.**

- The **indirect object** is the noun for whom or to whom an action is performed. It can be replaced by an indirect object pronoun (**me, te, le, nos, os, les**). When used with a direct object, the indirect object goes first. **Le** and **les** change to **se** when used before **lo/la/los/las.**

    Mamá va a comprar *un regalo* para **él.**
    Mamá **le** va a comprar *un regalo.*   Mamá va a comprar**le** *un regalo.*
    Mamá **se** *lo* va a comprar.   Mamá va a comprár**se***lo.*

---

23 Reemplaza el complemento directo y/o indirecto según corresponda.

1. Nosotros les dimos los libros a ellos.

_____

2. Tú viste la competición de esgrima.

_____

3. Ella vio la película con nosotros.

_____

4. Yo le regalé unas flores a mi mamá.

_____

5. Yo voy a darle un regalo a mi papá.

_____

24 Contesta las preguntas afirmativamente usando pronombres del complemento directo o indirecto.

1. ¿Me diste mis libros ayer?

_____

2. ¿Vas a resolver el problema con tu novia?

_____

3. ¿Conociste al novio de Mónica?

_____

4. ¿Sabes si Pamela y Tomás hicieron las paces?

_____

Holt Spanish 3   Cuaderno de vocabulario y gramática

GRAMÁTICA 2

Subjunctive
- Use the **subjunctive** when the antecedent is **unknown** or **nonexistent**.

  Unknown   Busco un amigo que **respete** mis sentimientos.
  Nonexistent Él es muy solitario porque no tiene a nadie que **sea** su amigo.
- You must also use the **subjunctive** if a question is being asked, since it implies the unknown. When making a positive statement about something known, use the **indicative** instead.

  ¿**Tendré** un amigo que **guarde** mis secretos?
  Tengo una amiga que **es** muy solidaria.

---

25 Completa la siguiente historia con el indicativo o el subjuntivo del verbo según el contexto.

Yo soy muy insegura y casi no tengo amigos. Busco alguien que

(**1**) _____ (ser) muy honesto y que (**2**) _____ (querer) ser mi

amiga. En mi clase hay muchas chicas que (**3**) _____ (ser) mis conocidas

pero que no (**4**) _____ (ser) mis amigas. Creo que una de ellas

(**5**) _____ (tener) algo en común conmigo. A la que conozco bien es a

Ana. Ella es una chica que (**6**) _____ (jugar) al básquetbol y que

(**7**) _____ (ser) aficionada a los deportes. A mí, los deportes me dejan

fría, por lo que no creo que (**8**) _____ (tener) mucho en común; aunque

estoy segura que (**9**) _____ (gustarle) la música tanto como a mí.

26 Contesta las siguientes preguntas utilizando la información en paréntesis y usa subjuntivo o indicativo según sea necesario.

MODELO ¿Qué clases piensas tomar el semestre que viene? (ser interesantes)
Pienso tomar clases que sean interesantes.

1. ¿Qué buscas en un(a) amigo(a)? (no ser chismoso(a))

   _____

2. ¿Quién te decepciona? (personas no ser tolerantes)

   _____

3. ¿A quién te entusiasma conocer? (personas tener mucho en común conmigo)

   _____

4. ¿Qué te pone nervioso(a)? (personas ser criticonas)

   _____

(23)

Subjunctive
- Expressions of feelings in the main clause of a sentence require the use of the **subjunctive** in the subordinate clause.

  Me pone triste que mis amigos **estén** lejos.
- If there is no change in subject, an **infinitive** is used in the subordinate clause.

  Me sorprende verte despierta.
- Expressions of fact or belief, on the other hand, require the use of the **indicative** in the subordinate clause.

  Es verdad que los buenos amigos **son** solidarios.
- Some common expressions of feelings are: **me gusta que, me molesta que, me frustra que, me sorprende que, me preocupa que, me irrita que.**

---

27 Completa las siguientes oraciones con el infinitivo, el indicativo o el subjuntivo del verbo según el contexto.

    1. Pienso que las personas creídas (ser) _____ inseguras.

    2. Me alegra que tú (venir) _____ a visitarme hoy.

    3. Me irrita (esperar) _____ cuando estoy ocupada.

    4. Creo que tú (ser) _____ muy bueno para los deportes.

    5. Me sorprende que tú no (tener) _____ más amigos.

28 Completa las siguientes oraciones según tus gustos personales.

    1. Me preocupa que...

    _____

    2. Me hace llorar que...

    _____

    3. Me frustra que...

    _____

    4. Me alegra que...

    _____

    5. Me irrita que...

    _____

Todo tiene solución

1 Lee las oraciones y decide si cada una es **cierta (C)** o **falsa (F).**

_____ **1.** Para combatir la discriminación hay que tener prejuicios.

_____ **2.** Creer en estereotipos es discriminar a las personas.

_____ **3.** Los estereotipos existen por la ignorancia.

_____ **4.** Tener cierta actitud hacia un grupo de personas por un estereotipo es tener prejuicios.

_____ **5.** La educación sirve para combatir los prejuicios.

2 Ordena las letras de las siguientes palabras basándote en las pistas.

Pista	Letras	Palabra
1. La idea que una persona proyecta de sí misma.	ginaem	
2. El hecho de no respetar los derechos (*rights*) de un grupo.	imninódsc rciia	
3. Decidir si algo es bueno o malo.	zagruj	
4. Un período durante el año escolar.	eeemrsst	
5. Un plan con las horas y las actividades del día.	rohroai	
6. Una persona que nos ayuda con nuestros planes escolares.	jsencooer	

3 Escoge la palabra que corresponda a cada una de las siguientes definiciones.

_____ **1.** Curso en que estudias líneas y figuras.
    a. francés   **b.** geometría   **c.** música

_____ **2.** Lo que escribes en tu cuaderno sobre lo que dice el profesor.
    a. los apuntes   **b.** el almuerzo   **c.** la tarea

_____ **3.** Tener éxito en un curso.
    a. aprobar   **b.** participar   **c.** suspender

_____ **4.** Curso en que estudias ecuaciones.
    a. arte   **b.** geografía   **c.** álgebra

_____ **5.** Curso sobre la geografía y la historia.
    a. cálculo   **b.** ciencias sociales   **c.** literatura

_____ **6.** Curso en que se hace gimnasia.
    a. física   **b.** geometría   **c.** educación física

   25

4 Sustituye la frase subrayada por una palabra o frase de **Vocabulario.**

_____ 1. Me encanta estudiar <u>las características de la tierra y el medio ambiente</u>.

_____ 2. Parece que Yoli va a <u>sacar una F en</u> el curso de literatura francesa.

_____ 3. Después de graduarnos del colegio, pensamos asistir a la <u>escuela de estudios superiores</u>.

_____ 4. <u>El estudio de las sustancias y las fuerzas naturales</u> es un curso difícil pero fascinante.

_____ 5. Tengo una cita el lunes con <u>la jefa</u> del colegio.

5 Completa la siguiente conversación con las palabras y frases del cuadro.

ignorancia	estereotipos	equivocada	fama
combatir	respetar a	falta de respeto	juzga
semestre	prejuicios	actitud	hacia

Consejera Javier, te veo preocupado. ¿Qué te pasa?

Estudiante Es que este (**1**) _____ tengo un compañero de clase nuevo, pero él tiene muchos (**2**) _____ sobre las personas que no son como él. Esto nos ofende porque es una (**3**) _____ .

Consejera ¿Cómo que falta de respeto?

Estudiante Lo que pasa es que él (**4**) _____ a las personas por los (**5**) _____ . Por ejemplo, cree que las mujeres son tontas y que los latinos tienen mala (**6**) _____ .

Consejera Me parece que a causa de su (**7**) _____ , tiene una impresión (**8**) _____ de los demás.

Estudiante ¿Qué puedo hacer para resolver este problema?

Consejera Lo que deben hacer para (**9**) _____ la discriminación es hablar con él y mostrarle cómo la (**10**) _____ que tiene (**11**) _____ ustedes es equivocada y que todos debemos (**12**) _____ los demás.

(26)

VOCABULARIO 1

6 Combina las opiniones con las que correspondan, según el contexto.

_____ 1. Creo que la geografía es genial.

_____ 2. Me parece que el arte es aburrido.

_____ 3. No me parece que el cálculo sea difícil.

_____ 4. A mi parecer los hombres son mejores que las mujeres en los deportes.

_____ 5. No me parece que la educación física sea necesaria.

> **a.** Al contrario, es un curso muy difícil.
> **b.** No estoy de acuerdo contigo; la salud física es muy importante.
> **c.** ¡Qué va! ¡Es muy aburrida!
> **d.** No estoy de acuerdo contigo, nosotras podemos ser tan buenas como los hombres.
> **e.** Al contrario, el arte es formidable.

7 Completa las siguientes oraciones con palabras de **Vocabulario.**

1. En las matemáticas, generalmente se estudia el _____ antes del

   _____ .

2. El consejero _____ en que yo vaya a la _____ después de

   graduarme.

3. A mi parecer, no hay _____ entre el salario de nuestra

   _____ y el de los otros jefes de colegio en el estado.

4. ¡No _____ más! ¿Cómo podemos tomar otra _____ si ya

   tomamos el examen principal?

8 Lucía tiene un horario muy difícil. Escribe una queja diferente acerca de cada comentario.

1. El consejero insiste en que tome cálculo.

   _____

2. El profesor de física cree que las mujeres no pueden aprobar el curso.

   _____

3. Mañana vamos a tener otra prueba en la clase de geografía.

   _____

4. Para la clase de literatura hay que tomar demasiados apuntes.

   _____

5. Para aprobar francés hay que memorizar todo el libro.

   _____

Todo tiene solución

> ## Verb + infinitive
>
> • Some conjugated verbs are followed by a **preposition** + **infinitive**:
>   Vamos **a ir** a la playa.   Nos aburrimos **de estudiar** tanto.
>
> • Some conjugated verbs are followed directly by an **infinitive**:
>   Debes **tener** más cuidado.   Mis amigos quieren **ser** atletas.
>
> • Verbs that are usually followed by the **subjunctive** are followed by an **infinitive**
>   if there is no change in subject:
>   Espero que tú **apruebes** el curso.   (Yo) Espero **aprobar** el curso.

9 Completa el siguiente párrafo con las preposiciones **con, a, de** o **en** según
corresponda. Si no se necesita una preposición, deja el espacio en blanco.

Siempre he soñado (**1**) _____ ir a la universidad. Yo sé que debo

comenzar (**2**) _____ prepararme y ponerme (**3**) _____

estudiar con más dedicación. Mi consejero ha insistido mucho (**4**) _____

que yo deje (**5**) _____ perder el tiempo y empiece (**6**) _____

pensar en mi futuro.

10 Completa las oraciones con un verbo de la lista, con o sin preposición. Usa cada
verbo una vez.

tratar	insistir	ayudar	soñar

1. Cuando encuentro prejuicios en el colegio, siempre _____
   cambiarlos.

2. No acepto pretextos. Siempre _____ combatir los prejuicios.

3. Mis amigos me deben _____ combatir los prejuicios en el colegio.

4. ¿Tú también _____ mejorar la vida para todos?

11 Y tú, ¿qué piensas hacer en el futuro? Completa las siguientes frases con tus
propios planes y no te olvides de incluir las preposiciones cuando sea necesario.

1. Sueño _____

2. Primero necesito _____

3. Luego, voy _____

4. Más tarde pienso _____

5. Y por último debo _____

(**28**)

GRAMÁTICA 1

> ### Subjunctive with will or wish
>
> - Use the **subjunctive** in the subordinate clause of a sentence if the main clause expresses will or wish, and each clause has a different subject.
>
>   Espero **que apruebes** tu examen.
>
> - If the subject is the same in both clauses, use the **infinitive** in the subordinate clause.
>
>   Espero **aprobar** mi examen.

12 Completa la conversación con el subjuntivo o el infinitivo del verbo según el contexto.

Luisa Rocío, necesito que me (**1**) _____ (explicar) la tarea de cálculo.

Rocío Hoy tengo mucho que hacer, pero espero (**2**) _____ (tener) tiempo mañana por la tarde.

Luisa Te lo agradezco. En realidad quiero (**3**) _____ (aprobar) este examen, pero la clase de cálculo se me hace muy difícil.

Rocío No hay problema, yo te ayudo. Pero insisto en que no me

(**4**) _____ (dejar) plantada como la última vez.

Luisa No, esta vez sí necesito que me (**5**) _____ (ayudar).

Rocío De cualquier manera, prefiero que me (**6**) _____ (avisar) con tiempo si no puedes venir o si vas a llegar tarde.

Luisa Saldré a las nueve. Espero que no (**7**) _____ (haber) mucho tráfico.

Rocío Sí, espero que nosotras (**8**) _____ (tener) suficiente tiempo.

13 Combina los elementos para formar oraciones completas según el modelo.

MODELO mi hermano / insistir en que / yo / hacer la tarea
Mi hermano insiste en que yo haga la tarea.

1. mis papás / querer / yo / aprobar el examen

_____

2. el profesor / recomendar / nosotros / estudiar

_____

3. yo / espero / yo / sacar una buena nota.

_____

4. mis compañeros / pedir / yo / ayudarlos

_____

GRAMÁTICA 1

> ### Subjunctive with negation or denial
>
> • Use the **subjunctive** in the subordinate clause of a sentence if the main clause expresses **negation** or **denial**:
>
> **No es verdad que** los hombres **sean** mejores que las mujeres.
>
> • Some phrases that express negation or denial: **no es verdad que, no es cierto que, no creer que, no estar de acuerdo en que,** and (**no**) **negar que.**
>
> • If the main clause expresses affirmation or agreement, you must use the **indicative** in the subordinate clause.
>
> **No** estoy de acuerdo en que el arte **sea** aburrido.
> Estoy de acuerdo en que el arte **es** aburrido.

14 Completa las opiniones con el **indicativo** o el **subjuntivo,** según corresponda.

1. Niego que la discriminación _____ (ser) un problema del pasado.

2. No es cierto que para tener éxito uno _____ (necesitar) ganar mucho dinero.

3. Creo que un buen amigo _____ (deber) ser leal y honesto.

4. No estoy de acuerdo en que _____ (existir) desigualdad entre hombres y mujeres.

5. Afirmo que yo _____ (tener) problemas para pronunciar el francés.

6. No creo que mi mejor amiga _____ (ir) a la misma universidad que yo.

15 Convierte las siguientes frases afirmativas en negativas.

1. Es verdad que tenemos que combatir la ignorancia.

   _____

2. Creo que hay muchos prejuicios en el mundo.

   _____

3. Estoy de acuerdo en que debemos juzgar a las personas antes de conocerlas.

   _____

4. Creo que es importante mantener una imagen positiva de uno mismo.

   _____

5. Es cierto que uno puede dar una impresión equivocada sin querer.

   _____

30

Todo tiene solución

16 Ordena las letras de las siguientes palabras basándote en las pistas.

Pista	Letras	Palabra
1. Lo que le compras a alguien en su cumpleaños:	aregol	
2. Poner los brazos alrededor de alguien.	zoraba	
3. Provocarle dolor a otra persona.	rrhei	
4. Lo que le pides a alguien a quien maltrataste.	psiducal	
5. Decirle algo a alguien para herirlo(a).	rtuasinl	

17 Separa las palabras o frases que significan "causar un conflicto" de las que signifi-can "ayudar a resolverlo".

herir	comprar un regalo	pelearse	dar un abrazo
discutir	reconciliarse	maltratar	insultar
ser fiel	admitir un error	ofender	hacer las paces

Causan conflicto	Resuelven un conflicto

18 Escoge la palabra que corresponda a cada una de las siguientes definiciones.

_____ **1.** Reconciliarse con alguien.
  a. discutir   **b.** pelearse   **c.** hacer las paces

_____ **2.** Decir en qué te equivocaste.
  a. ofender   **b.** admitir un error   **c.** maltratar

_____ **3.** No olvidar que alguien te ofendió.
  a. besar   **b.** estar resentido   **c.** dar un abrazo

_____ **4.** Lo que le pides a alguien cuando no sabes qué hacer.
  a. un consejo   **b.** una disculpa   **c.** un regalo

_____ **5.** Discutir mucho con alguien.
  a. darse un abrazo   **b.** reconciliarse   **c.** pelearse

VOCABULARIO 2

19 Lee las oraciones y decide si cada una es **cierta (C)** o **falsa (F).**

_____ **1.** Los rumores son chismes sobre las personas que no son ciertos.

_____ **2.** Para resolver un problema con un amigo debes dejar de hablarle.

_____ **3.** Ser fiel no es un valor o principio muy importante.

_____ **4.** Cuando los amigos se pelean deben darse tiempo para pensarlo.

_____ **5.** Cuando ofendes a alguien, no es importante pedir perdón.

_____ **6.** Cuando cometes un error lo mejor es admitirlo.

20 Luisa tiene problemas con su novio, y Lucía le da consejos para que se reconcilien. Completa sus consejos con las palabras del cuadro.

herirlo	comprarle	romper	rumores
insultarlo	cometer	las paces	caso

1. ¿Has pensado en _____ con él?

2. Date tiempo para pensarlo, no vayas a _____ un error.

3. No te olvides de _____ un regalo para su cumpleaños.

4. No te conviene _____ con palabras feas, puedes

_____ .

5. Sugiero que olvides todo lo que escuchaste, sólo eran _____ .

6. Sería una mala idea no hacerle _____ ; él quiere hacer

_____ contigo.

21 Tu amigo(a) te cuenta sus problemas. Sugiérele qué hacer para resolverlos usando diferentes expresiones de **¡Exprésate!**

1. El chico nuevo en mi clase tiene fama de ser muy creído.

_____

2. Ayer no dormí, estuve viendo la televisión toda la noche.

_____

3. Mi novia pasa mucho tiempo con sus amigos. Voy a romper con ella.

_____

4. Tengo muchos problemas en la escuela.

_____

5. Creo que voy a dejar de estudiar.

_____

VOCABULARIO 2

22 Separa las frases que indican consejos de las que indican disculpas.

No te conviene... Sería una mala idea. Créeme que fue sin querer.	
No lo hice a propósito. Te juro que no lo volveré a hacer.	
No quise ofenderte. No sé en qué estaba pensando.	
No te olvides de... ¿Has pensado en...? Date tiempo para pensarlo.	

Consejos	Disculpas

23 Ordena las palabras para expresar una disculpa.

MODELO error / cometí / perdóname / un   **Perdóname, cometí un error.**

1. lo / que / a / volveré / juro / no / te / hacer _____

2. querer / que / sin / créeme / fue _____

3. ofenderte / no / quise _____

4. lo / no / propósito / a / hice _____

5. qué / estaba / en / no / pensando / sé _____

24 Ofendiste a un amigo(a) y no quieres que esté resentido(a). Escribe una disculpa para cada una de sus declaraciones.

MODELO Me hiciste mucho daño.   **No quise hacerte daño.**

1. No puedo creer que me hayas hecho esto de nuevo.

_____

2. Me maltrataste a propósito.

_____

3. Yo que tú no insultaría a tus amigos.

_____

4. De verdad, me lastimaste.

_____

5. Me insultaste mucho.

_____

33

Todo tiene solución

Future tense

• Use the **future** tense to talk about events in the future.

• The future tense can also be used to talk about the probability of something happening or being true. It can be used with present participle to say what is probably going on.

• Endings: **-é, -ás, -á, -emos, -éis, -án**
Mañana iré a casa de Jorge.

¿Adónde va Luis?
No sé, **irá** a su casa. Estará pensando en ver el partido por tele.

---

25 Imagínate que te peleaste con un(a) amigo(a). Escribe lo que vas a hacer para reconciliarte. Usa el futuro y sigue el modelo como guía.

MODELO (darle tiempo para pensarlo)
Le daré tiempo para pensarlo.

1. (admitir un error) _____

2. (decir la verdad) _____

3. (comprarle un regalo) _____

4. (hacer las paces / darle un abrazo) _____

5. (no estar resentido(a)) _____

26 Reacciona ante las siguientes declaraciones con tu propia opinión. Usa el futuro del verbo en paréntesis para expresar probabilidad y sigue el modelo como guía.

MODELO Irene rompió con su novio. (estar)
Estará muy triste.

1. Luis parece muy preocupado. (tener)

_____

2. Rosa y Miguel están pasando mucho tiempo juntos. (ser)

_____

3. No entiendo por qué Alicia no quiere hablar conmigo. (estar)

_____

4. Alberto y Lourdes están estudiando mucho. (querer)

_____

5. ¿Adónde van los chicos? (ir a comprar)

_____

34

GRAMÁTICA 2

Conditional tense

- Use the **conditional** to express what *would happen* or what someone *would do* in certain circumstances.
- Expressions often used with the conditional: **yo que tú, en tu lugar,** and **en esa situación.**

  Yo que tú, **hablaría** con ella.

  En tu lugar, **sería** menos celoso.

  En esa situación, no le **haría** caso.

- The same endings for **-er, -ar,** and **-ir** verbs are added to the infinitive form: **-ía, -ías, -ía, -íamos, -íais, -ían.**
- To express what you *would* or *would not like* you must use the conditional as well:

  Me **gustaría** recibir un regalo.

  Me **molestaría** suspender el curso.

27 Convierte las siguientes oraciones en condicional.

  1. A ustedes les gusta practicar jai-alai.

    _____

  2. A mi mamá le entusiasma viajar por el mundo.

    _____

  3. Yo no salgo con una persona desleal.

    _____

  4. No hacemos caso a los rumores.

    _____

  5. A ti te frustra pelearte con tus amigos.

    _____

28 Tu mejor amigo(a) te cuenta los problemas que tiene en el colegio. Ten en cuenta la situación y dale tus propios consejos usando el condicional.

  1. Voy a suspender la clase de cálculo. Es muy difícil y no sé qué hacer.

    En tu lugar, _____

  2. Nunca tengo buenos apuntes para estudiar.

    Yo que tú, _____

  3. Es muy difícil. El profesor explica muy rápido.

    En tu lugar, _____

  4. Creo que él tiene una impresión equivocada de mí.

    En esa situación, _____

Additional uses of the conditional

• To express contrary-to-fact situations you must use the conditional with "if" statements such as: **si yo (tú) fuera(s), si yo (tú) tuviera(s), si yo (tú) pudiera(s).**

Si yo fuera el director, **remodelaría** la escuela.
Si tú tuvieras más apuntes, **podrías** estudiar mejor.
Si yo pudiera ayudarte, lo **haría.**

---

29 Combina las frases con las que correspondan según el contexto.

_____ **1.** Si tú tuvieras problemas...

_____ **2.** Si tú fueras infiel...

_____ **3.** Si tú pudieras darme tiempo...

_____ **4.** Si yo pudiera viajar...

_____ **5.** Si yo tuviera alas...

a. volaría.
b. iría a la costa.
c. te aconsejaría.
d. tu novia rompería contigo.
e. lo pensaría.

30 Completa las siguientes oraciones con lo que harías tú en cada situación.

1. Si yo tuviera que hacer las paces con alguien,

_____

2. Si yo pudiera ayudar a un amigo,

_____

3. Si yo fuera el presidente del país,

_____

4. Si yo pudiera ver el futuro,

_____

5. Si yo tuviera un amigo desleal,

_____

6. Si yo fuera atleta olímpico,

_____

(**36**)

Entre familia

1 Escoge la palabra que corresponda a cada una de las siguientes definiciones.

_____ **1.** Es el hermano de mi esposa.

    a. mi cuñado   **b.** mi suegro   **c.** mi sobrino

_____ **2.** Es la madre de mi esposo.

    a. mi cuñada   **b.** mi madrastra   **c.** mi suegra

_____ **3.** Es la hija de mi madre y mi padrastro.

    a. mi medio hermana   **b.** mi hermanastra   **c.** mi hermana

_____ **4.** Es la hija de mi hermano.

    a. mi suegra   **b.** mi cuñada   **c.** mi medio hermana

_____ **5.** Es el hijo de mi madrastra y su ex-esposo.

    a. mi medio hermano   **b.** mi hermanastro   **c.** mi cuñado

2 Escribe la palabra de **Vocabulario** que mejor describa cada ilustración.

a. _____

b. _____

c. _____

d. _____

3 Lee las oraciones y decide si cada una es **cierta (C)** o **falsa (F)**.

_____ **1.** Los novios se comprometen para casarse.

_____ **2.** Cuando una mujer da a luz, nace un bebé.

_____ **3.** Un funeral es una reunión familiar feliz.

_____ **4.** Los hermanastros son hijos del mismo padre.

_____ **5.** Es necesario divorciarse para poder casarse de nuevo.

VOCABULARIO 1

4 Completa la conversación entre Paulina y Daniela con las palabras del cuadro.

cuñada	me cuentas	estaba casada	funeral	anda haciendo
dio a luz	suegro	se graduó	sobrino	reunión familiar

Paulina ¿Adónde fuiste ayer?

Daniela Fui a una (**1**) _____ en casa de mi amiga Ana.

Paulina ¿Ah sí? ¿Y (**2**) qué _____ de ella?

Daniela Fíjate que (**3**) _____ de la universidad.

Y tú, ¿adónde fuiste?

Paulina Fui al (**4**) _____ del (**5**) _____ de Irene.

Daniela Cuéntame, ¿(**6**) qué _____ ella estos días?

Paulina Pues, está triste por su suegro, pero feliz porque su

(**7**) _____ (**8**) _____ el mes pasado.

El bebé es su primer (**9**) _____ .

Daniela ¿En serio? No sabía que su cuñada (**10**) _____ .

5 Completa las siguientes oraciones con palabras de **Vocabulario**.

1. Cuando Juan le pidió la mano a Lucía, le dio _____ .

2. Los papás de Víctor decidieron _____ porque ya no
   se amaban.

3. El Sr. y la Sra. Gómez necesitan darse tiempo para pensar si quieren seguir

   casados, por eso decidieron _____ .

4. Sara está embarazada y pronto va a _____ .

5. José va a _____ del colegio este año.

6 Escribe tu reacción a las siguientes noticias usando las expresiones de **¡Exprésate!**

1. Ana dio a luz a los cincuenta años.

   _____

2. Ramiro se graduó finalmente de la universidad.

   _____

3. ¿Te acuerdas que Saúl dijo que nunca se casaría? Pues se comprometió.

   _____

4. Fíjate que los papás de Carlos se han reconciliado.

VOCABULARIO 1

7 Contesta las siguientes preguntas con la información del cuadro y sustituye la frase subrayada por el miembro de la familia de Ana al que se refiere.

madrastra: dar a luz	cuñada: separarse de su esposo
sobrino: graduarse del colegio	hermanastra: comprometerse
medio hermano: casarse	suegro: seguir trabajando como director

MODELO ¿Qué me cuentas de <u>la nueva esposa del padre</u> de Ana?
Según tengo entendido, la madrastra de Ana dio a luz.

1. ¿Qué sabes de <u>la hermana de su esposo</u>?

_____

2. ¿Qué anda haciendo <u>el hijo de su hermano</u>?

_____

3. ¿Qué sabes de <u>la hija de su madrastra</u>?

_____

4. ¿Qué me cuentas del <u>hijo de su madre y su padrastro</u>?

_____

5. ¿Qué anda haciendo <u>el padre de su esposo</u>?

_____

8 Contesta las siguientes preguntas usando la información en paréntesis y las expresiones de **¡Exprésate!**

MODELO ¿Qué sabes de Arturo? (separarse de su esposa)
Según tengo entendido, se separó de su esposa.

1. ¿Qué me cuentas de Daniel y Paulina? (comprometerse)

_____

2. ¿Qué anda haciendo Alejandro? (graduarse de la universidad)

_____

3. ¿Qué sabes de Andrea? (aún trabaja como consejera)

_____

4. ¿Qué sabes del Sr. y la Sra. López? (divorciarse)

_____

5. ¿Qué me cuentas de Claudia? (dar a luz a su primer hijo)

_____

Entre familia

Present progressive

- The **present progressive** describes actions that are in progress at the present time.
  No hagas ruido, el bebé **está durmiendo.**   Alicia **sigue practicando** atletismo.

- It is formed by using **estar / andar / seguir** + **present participle** of the verb,
  which is formed by deleting the ending and adding **-ando** or **-iendo.**

- Some verbs have spelling changes in their present participles, especially
  stem-changing verbs such as: **caer ⟹ cayendo, decir ⟹ diciendo,
  poder ⟹ pudiendo.**

- Object pronouns are placed before the first verb or attached to the participle.
  Su mamá **lo** está cuidando.   Su mamá está cuidándo**lo.**

---

9 Escribe cuatro oraciones para describir qué están haciendo las personas en el
dibujo. Usa el presente progresivo.

1. _____

   _____

2. _____

   _____

3. _____

   _____

4. _____

   _____

10 Contesta las siguientes preguntas usando el presente progresivo y un pronombre
de complemento directo o indirecto.

   MODELO ¿Ya terminaste la tarea? (yo)
   No, pero ya la estoy terminando. / No, pero ya estoy terminándola.

1. ¿Ya pediste el regalo para tía Rosa por Internet? (mi hermano)

   _____

2. ¿Ya trajiste los dulces de la panadería? (Luis y Ana)

   _____

3. ¿Ya escribiste la lista de actividades? (mamá)

   _____

4. ¿Ya pusiste todas las decoraciones? (hermanastra)

   _____

GRAMÁTICA 1

Present perfect indicative

- The **present perfect indicative** describes what has or has not happened in a period of time up to the present or talks about something that happened very recently. It is formed by using the present tense of **haber** + **past participle** of the main verb.

  Nosotros no **hemos estudiado** aún.   **He jugado** boliche todo el día.

- If a **pronoun** is used it must be placed before the conjugated form of **haber.**

  Alicia y yo **nos** hemos comprometido.

- An accent must be placed on the **i** if the stem of an **-er** or **-ir** verb ends in a vowel other than **u: leer ⟹ leído, traer ⟹ traído.**

---

11 Completa la siguiente historia con el presente perfecto de los verbos en paréntesis.

A mí me encantan las aventuras. He participado en muchos deportes:

(**1**) _____ (jugar) al jai-alai, (**2**) _____ (practicar) la

esgrima y hasta (**3**) _____ (escalar) montañas. También me gustan los

viajes. Mi mejor amigo y yo (**4**) _____ (ir) a Europa varias veces y el

próximo año pensamos ir a Asia, pues la gente nos (**5**) _____ (decir)

que es formidable. Siempre (**6**) _____ (ser) una persona muy activa.

Nunca me (**7**) _____ (gustar) estar bajo techo. Sólo una vez en la vida

(**8**) _____ (hacer) un rompecabezas. Y eso fue porque mi hermana se

la pasaba diciéndome que era una actividad interesante.

12 La mamá de Emilia le pregunta si ha realizado o no las siguientes tareas. Escribe sus respuestas, sustituyendo las frases subrayadas por pronombres.

MODELO ¿Has limpiado tu habitación? (no)   **No, no la he limpiado.**

1. ¿Le has comprado un regalo a tu papá? (sí)

   _____

2. ¿Has estudiado la lección? (no)

   _____

3. ¿Has tomado apuntes en tus clases? (no)

   _____

4. ¿Has visto la nueva película? (sí)

   _____

(**41**)

GRAMÁTICA 1

Present perfect subjunctive

• The **present perfect subjunctive** is formed by combining the subjunctive of **haber** and the **past participle** of the main verb.

haya, hayas, haya, hayamos, hayáis, hayan + visto

• Use the present perfect subjunctive to express an emotion, judgement, doubt, or hope about something that has or has not happened.

Me sorprende que Ana no **haya visto** a Eduardo.

---

13 Completa las oraciones con el presente perfecto del subjuntivo o del indicativo.

1. Los Gómez tienen muchos problemas. No entiendo por qué no

_____ (divorciarse).

2. Pedro y Ana se quieren mucho. No _____ (casarse) porque Pedro está esperando terminar la universidad.

3. Todavía me sorprende que tu padrastro _____ (morirse).

4. ¡Qué bueno que hagamos una reunión familiar! No _____ (ver) a mis primos en mucho tiempo.

5. Verónica y Juan creen que dándose tiempo, pueden reconciliarse. Me parece

bien que _____ (separarse).

14 Reacciona a las siguientes declaraciones usando las expresiones del cuadro y el presente perfecto del subjuntivo. Sigue el modelo como guía.

MODELO Tu hermana y su novio se comprometieron.

Me sorprende que ellos se hayan comprometido.

| Es natural que... | Me molesta que... | Es curioso que... | Es triste que... |

1. Los papás de nuestro amigo se separaron.

_____

2. Nina se enfadó (*got angry*) con Jorge porque lo vio con otra chica.

_____

3. Pedro se casó con una chica que conoció la semana pasada.

_____

4. Alguien salió con el(la) chico(a) que te gusta.

_____

(42)

Entre familia

15 Ordena las letras de las siguientes palabras basándote en las pistas.

Pista	Letras	Palabra
1. Es una fruta verde por fuera y roja por dentro, con semillas negras.	asdaín	
2. Es una fruta roja que a menudo se pone sobre un helado.	rezcae	
3. Son las uvas secas.	sapsa	
4. Es la comida tradicional del Día de Acción de Gracias.	ovpa	
5. Es un producto lácteo *(dairy)* que a menudo se come con frutas.	gruyo	

16 Escoge la palabra que corresponda a cada una de las siguientes definiciones.

_____ **1.** Fruta similar a la naranja pero con un sabor muy agrio.

    a. el apio   **b.** el calabacín   **c.** la toronja

_____ **2.** Cuando la leche está mala está:

    a. pasada   **b.** para chuparse   **c.** fría
                              los dedos

_____ **3.** Cuando algo te da náuseas te da:

    a. asco   **b.** delicia   **c.** sabor

_____ **4.** Es un marisco *(seafood)* de color rojo y carne blanca con grandes tenazas *(claws)*.

    a. la salchicha   **b.** los camarones   **c.** la langosta

_____ **5.** Es verde y lo necesitas para preparar guacamole.

    a. el calabacín   **b.** el aguacate   **c.** el coliflor

17 Lee las oraciones y decide si cada una es **cierta (C)** o **falsa (F)**.

_____ **1.** Cuando algo está para chuparse los dedos es que nos da asco.

_____ **2.** Comer camarones pasados te puede enfermar.

_____ **3.** Calabacín es otra palabra para llamar al pepino.

_____ **4.** El puerco es una verdura.

_____ **5.** Si la leche huele mal, es porque está pasada.

    43

18 Olivia es muy negativa y nada le gusta. Completa esta conversación con su mamá con las palabras y frases del cuadro.

bizcocho	pepino	chícharos	pasada
para chuparse los dedos		pollo	le falta sabor

Mamá Aquí tienes tu leche.

Olivia ¡Está (**1**) _____ !

Mamá No puede ser. Acabo de comprarla. Tómatela y cómete los

(**2**) _____ .

Olivia Me dan asco esas bolitas verdes.

Mamá Entonces come un poco de ensalada. Me salió buenísima; está

(**3**) _____ .

Olivia Ya sabes que no me gusta el (**4**) _____ .

Mamá ¿Por qué no te comes el (**5**) _____ frito?

Olivia Es que (**6**) _____ , pero no sé qué le falta.

Dame mejor un poco de ese delicioso (**7**) _____

de chocolate que preparaste.

Mamá Lo siento. Es sólo para los que han acabado su comida, y tú no lo has

hecho.

19 Usa las palabras del cuadro y sugiere algo para satisfacer a cada persona.

arroz	apio	limón
bizcocho de chocolate	toronja	

1. Miguel quiere algo con el pollo, pero no le gustan las verduras.

_____

2. Rosana y Cris quieren probar un postre extravagante.

_____

3. De postre, Yoli y yo queremos comer una fruta no muy dulce.

_____

4. No sé qué le falta al pollo.

_____

5. Papá quiere una ensalada de lechuga con una verdura más.

_____

VOCABULARIO 2

20 Combina las frases con las que correspondan según el contexto.

_____ **1.** La crema para la pasta está fría.

_____ **2.** El puerco asado quedó muy picante.

_____ **3.** Al pollo frito le falta sabor.

_____ **4.** Al dulce de coco le falta algo, pero no sé qué le falta.

_____ **5.** El guacamole está muy agrio.

> **a.** Es que se me olvidó ponerle azúcar.
> **b.** Se me fue la mano con la lima.
> **c.** Es que se me olvidó calentarla.
> **d.** Es que se me acabó el ajo.
> **e.** Se me fue la mano con la pimienta.

21 Escribe lo que dirías en cada situación.

1. Tú mamá preparó dulce de coco.

_____

2. La sopa de verduras que pediste en el restaurante no sabe a nada.

_____

3. El cocinero le puso demasiada sal al pollo frito.

_____

4. Tu hermano menor está comiendo un bistec que se cayó al suelo.

_____

5. Estás comiendo el mejor bizcocho de chocolate que has probado.

_____

22 Imagina que preparaste una comida para tus amigos pero no salió muy bien. Da una explicación para cada uno de sus comentarios.

1. El yogur de coco no sabe a nada.

_____

2. Los camarones están muy picantes.

_____

3. El arroz quedó muy seco.

_____

4. El bizcocho de chocolate no quedó muy dulce.

_____

5. El pavo sabe mucho a ajo.

_____

Entre familia

Preterite

- The **preterite** expresses actions completed at specific times in the past.

  -ar verbs: **-é, -aste, -ó, -amos, -asteis, -aron**

  -er / -ir verbs: **-í, -iste, -ió, -imos, -isteis, -ieron**

- Some verbs have irregular stems in the preterite: **estar, poder, poner, saber, tener, venir, traer, decir, querer, dar, hacer, ir,** and **ser. Ir** and **ser** share the same form.

- Some verbs change meaning in the preterite.

  conocer: to know ➡ *met, first saw*   **saber:**   to know ➡ *found out, realized*

  querer: to want ➡ *tried to, meant to* **no querer:** to not want ➡ *refused*

---

23 Completa las oraciones con el presente o el pretérito del verbo.

1. Yo (querer) _____ aprobar mi examen de literatura mañana.

   Yo (querer) _____ estudiar anoche, pero no (poder) _____

   con el ruido.

2. Mónica (saber) _____ ayer que Andrea no (hacer) _____ la

   tarea otra vez. Yo no (saber) _____ qué va a pasar con ella.

3. Andrea (ir) _____ a hablar con el profesor después de la clase ayer.

   El profesor no (poder) _____ atenderla.

4. Yo (conocer) _____ a Andrea el año pasado. Ella

   (conocer) _____ muy bien a los profesores.

24 Completa el párrafo con el pretérito de los verbos del cuadro.

ir   regresar   tomar   pedir   quedar   traer   tener

Anoche (**1**) _____ una cena increíble. Mi familia y yo (**2**) _____

a un restaurante magnífico. Los meseros parecían flotar en el aire porque hacían

todo tan rápido. Uno de ellos (**3**) _____ nuestro pedido de bebidas en

menos de dos minutos y al rato (**4**) _____ con la lista de entradas. Yo

(**5**) _____ un caldo de camarones, un bistec y unas papas fritas y mi

mamá (**6**) _____ el puerco asado. Mi papá se (**7**) _____ sor-

prendido, pues mamá y yo generalmente no comemos mucho. La única queja

que tengo es que el mesero me (**8**) _____ un caldo de pollo en vez de un

caldo de camarones.

Se + indirect object pronouns

• To talk about unintentional events, use:

se + indirect object pronoun + verb
(person to whom the event happened)

A mí, **se** **me** **quemaron** los **frijoles.**

person agreement

verb agrees with
object(s)

• These are verbs commonly used in this construction:
quedar, quemar, perder, olvidar, caer, romper, and **acabar.**

---

25 Combina las frases con las que correspondan según el contexto.

_____ **1.** Perdón, se me hizo...

_____ **2.** Queremos cereales pero se nos acabó...

_____ **3.** Se les olvidó...

_____ **4.** Sandra tiene que estudiar pero se le perdieron...

_____ **5.** A mamá, se le quemaron...

a. preparar la cena.
b. los apuntes.
c. la leche.
d. los calabacines.
e. tarde.

26 Usa la información en paréntesis y escribe una oración sobre lo que les pasó a las siguientes personas sin querer.

MODELO (Rocío / quemar los frijoles) **A Rocío se le quemaron los frijoles.**

1. (nosotros / quedar / puerta abierta)

_____

2. (mi mamá / perder / llaves)

_____

3. (Héctor / romper / pantalón)

_____

4. (tú / olvidar / tarea)

_____

5. (ustedes / caer / dulce de coco)

_____

(47)

GRAMÁTICA 2

Past progressive

- The **past progressive**, imperfect of **estar** + present participle of the main verb, describes past actions in progress: Elena **estaba comiendo.**

- When the past progressive is used together with the preterite, the preterite describes a completed action or interrupting event within the setting or while the other action was in progress: **Estaba lloviendo** cuando **llegué** a casa.

---

27 Describe lo que estaban haciendo los hijos cuando sus padres llegaron a casa.

1. Lorenzo   **2.** Elena   **3.** Tito y Sara

1. _____

2. _____

3. _____

28 Combina las palabras de las siguientes columnas para formar oraciones. Usa el pasado progresivo y el pretérito.

   MODELO **sujeto:** David **acción en progreso:** caminar
         acción que interrumpe: ver
         David estaba caminando por la ciudad cuando vio al actor famoso.

sujeto	acción en progreso	acción que interrumpe
yo	dormir	sonar
tú	hablar	llegar
mi mamá	estudiar	empezar
los estudiantes	salir	entrar
mis amigos y yo	correr	caerse

1. _____

2. _____

3. _____

4. _____

5. _____

El arte y la música

1 Ordena las letras de las siguientes palabras basándote en las pistas.

Pista	Letras	Palabra
1. Es una pintura a base de agua.	rlucaaea	_____
2. Es un arte en que se usan lápices.	ubjido	_____
3. Es una construcción muy alta.	rorte	_____
4. Está sobre un río o una carretera.	eputne	_____
4. Es una obra de arte en piedra.	asuteat	_____

2 Completa las siguientes oraciones con las palabras del cuadro.

exposiciones	contemporáneo	dibujos	clásicos	escultura	galería

1. La _____ de arte tiene exposiciones todo el año.

2. Este mes exponen las obras de un artista _____ .

3. Sus _____ son muy abstractos.

4. Algunas personas prefieren las _____ de arte clásico.

5. La siguiente exposición será de _____ .

6. Será una colección de obras de escultores _____ .

3 Imagina la siguiente conversación y escribe una opinión contraria a las siguientes oraciones usando diferentes expresiones de ¡**Exprésate!**

MODELO La arquitectura moderna es poco imaginativa.
   Yo la encuentro muy original.

1. Me gusta la pintura clásica.

_____

2. Me llama la atención el arte abstracto.

_____

3. Yo prefiero la fotografía a la cinematografía.

_____

4. La escultura es el arte más importante.

_____

5. El arte antiguo es el más original.

_____

4 Lee las oraciones y decide si cada una es **cierta** (**C**) o **falsa** (**F**).

_____ **1.** Los dibujos, los retratos y las acuarelas son obras de arte.

_____ **2.** Tallar en madera es un arte contemporáneo.

_____ **3.** La escultura es siempre realista.

_____ **4.** Los puentes y las torres son obras de arquitectura.

_____ **5.** Todo el arte es antiguo.

_____ **6.** Las galerías y los museos presentan exposiciones artísticas.

_____ **7.** La pintura, la escultura y la fotografía pertenecen a las artes plásticas.

_____ **8.** Los artistas son poco imaginativos.

5 Escoge la(s) palabra(s) correcta(s) que se relacione(n) con cada artista.

a. cinematografía	**b. arquitectura**	**c. fotografía**
d. escultura	**e. pintura**	

_____ **1.** Diego Rivera hizo murales.

_____ **2.** Gabriel Figueroa sacó fotos y trabajó en películas.

_____ **3.** Auguste Rodin esculpió "El pensador".

_____ **4.** Frida Kahlo pintó muchos retratos.

_____ **5.** Los aztecas construyeron pirámides.

6 Contesta las siguientes preguntas usando las expresiones de ¡**Exprésate!**

1. Esta pintura fue pintada por un pintor surrealista. ¿Qué te parece?

_____

2. Esa estatua es una muestra de escultura contemporánea. ¿Qué te parece?

_____

3. ¿Qué opinas de la escultura clásica?

_____

4. ¿Cuál de estas pinturas te gusta más, la acuarela o el retrato?

_____

5. ¿Qué opinas de la arquitectura moderna?

_____

VOCABULARIO 1

7 Haz una lista con todas las palabras del cuadro que se puedan usar para describir cada imagen. Cambia la forma de los adjetivos si es necesario.

moderno	impresionante	abstracto	realista	pintura
obra de arte	esculpir	antiguo	estatua	clásico

_____   _____

_____   _____

_____   _____

_____   _____

_____   _____

_____   _____

8 Escribe las expresiones en la columna correspondiente.

A decir verdad, me parece…   Lo/La encuentro muy…

Eso me hace pensar en…   ¿Qué opinas de…?

Cambiando de tema, ¿qué me dices   A propósito, ¿qué has oído de el/la…?
   de…?   ¿Cuál de estas pinturas te gusta más?

En realidad, admiro…   Hablando de arte, ¿qué me cuentas

Este retrato fue pintado   de…?
   por… ¿Qué te parece?

Para dar o pedir una opinión   **Para cambiar de tema**

_____   _____

_____   _____

_____   _____

_____   _____

_____   _____

51

El arte y la música

To make comparisons and express the superlative, use:

- **ser** + **tan** + adjective + **como**

Este retrato
Estas acuarelas } (no) **es**
son **tan** { original
imaginativas } **como** { aquél.
las del otro pintor.

- **El/la/los/las** + **más/menos** + adjective + **de OR** adjective + **ísimo/a/os/as**

Esta pintura es **la más original de** todas.   Aquellos puentes son larguísimos.

---

9 Compara cada par de objetos según la información dada.

MODELO torre A: 5 pisos / torre B: 10 pisos
La torre A no es tan alta como la torre B.

1. este puente: 6 km / ese puente: 8 km

_____

2. esta fotografía: 4 x 6 / la otra: 4 x 6

_____

3. la película de acción: del año 2000 / la de misterio: del año 1970

_____

4. la galería de arte: una sala / el museo de arte: muchas salas

_____

10 Describe cada imagen usando las dos formas del superlativo presentadas.

1.   2.   3.   4.

1. _____

2. _____

3. _____

4. _____

GRAMÁTICA 1

> ### Passive voice with *se* and impersonal *se*
>
> • The impersonal **se** is used to generalize, and is equivalent to *one, they, people, you*. The verb is always in the third person singular.
>
>   **Se** vive bien en este país.
>   En este colegio **se** tra**ta** bien a los estudiantes.
>
> • The passive voice with **se** uses a verb in the third person singular or plural and the verb agrees in number with the recipient of the action. The agent is implied but not mentioned.
>
> | Se | + | verb in third person | + | recipient |
> |----|---|---------------------|---|-----------|
> | Se | | expusi**eron** | | **los** retratos abstractos. |
> | Se | | presentar**á** | | **la** exposición de pintura. |

11 Escribe las oraciones usando **se** impersonal y los verbos en paréntesis.

   1. (decir) que la exposición empieza a las ocho

   _____

   2. (pintar) más con un estilo realista que abstracto en ese país

   _____

   3. (hablar) mucho de arte en las universidades y en los museos

   _____

   4. (reconocer) a los artistas por sus obras imaginativas

   _____

   5. (hablar) de luz y cámaras en las clases de fotografía

   _____

12 Escribe sobre los siguientes eventos usando la voz pasiva con **se.**

   1. construir las torres de la iglesia en 1820

   _____

   2. dar un premio al escultor más original el próximo mes

   _____

   3. destruir el puente de la ciudad durante la revolución

   _____

   4. pintar un nuevo mural el año pasado

   _____

GRAMÁTICA 1

> **Passive voice with *ser***
>
> • The passive voice can also be formed with **ser + past participle.** The past participle agrees in number and gender with the subject, and **por** introduces the agent, when specified.
>
> | subject | + | **ser** | + | past participle | + | (**por** + | agent) |
> |---------|---|---------|---|-----------------|---|-----------|--------|
> | La estatua | | fue | | esculpida | | (por | el escultor.) |
> | Las obras | | serán | | presentadas | | mañana. | |

13 Cambia las siguientes oraciones a la voz pasiva usando el verbo **ser.**

1. La galería compró las esculturas.

   _____

2. El pintor presentará sus acuarelas.

   _____

3. La mejor escultura ganará el concurso.

   _____

4. Los aztecas construyeron las pirámides del Sol y de la Luna.

   _____

5. El artista talló la estatua en madera.

   _____

14 Usa los elementos dados para escribir oraciones usando la voz pasiva con **ser** y el tiempo verbal indicado.

MODELO la galería / abrir / en 1930 (pasado)
   La galería fue abierta en 1930.

1. la pirámide / construir / los indígenas (pasado)

   _____

2. la iglesia / diseñar / arquitecto famoso (pasado)

   _____

3. el retrato / pintar / artista clásico (pasado)

   _____

4. la pintura / vender / a un museo muy famoso (futuro)

   _____

5. los murales / dañar / en el terremoto (pasado)

   _____

El arte y la música

15 Escoge la palabra del cuadro a la que se refiere cada definición.

la clase de drama   el ballet   la letra   la orquesta   el drama   la obra de teatro

1. Una parte de una canción además del ritmo y la melodía. _____

2. Varios actores la representan para un público. _____

3. Grupo de varios músicos que tocan una canción. _____

4. Instrucción para aprender a representar escenas de _____ conflicto.

5. Es otro tipo de obra de teatro además de la comedia. _____

6. Es una obra en la que se baila. _____

16 Completa la oración con la palabra de **Vocabulario** que corresponda.

1. No me gustan las comedias. Prefiero las _____ porque son más serias.

2. Mi tía Antonieta tiene mucho talento _____ . Sabe pintar y dibujar bien.

3. Edmundo debe cantar en la ópera; tiene la voz tan _____ .

4. Un vals tiene un _____ muy diferente de una marcha o una polka.

5. Conozco la melodía de esa canción pero se me olvidó la _____ .

6. Naturalmente para _____ una obra de teatro ¡hay que ser creativo!

17 Recomienda que tu amigo(a) vaya a cada uno de los eventos representados en las imágenes y explica por qué. Usa las expresiones de **¡Exprésate!**

1.

2.

3.

1. _____

2. _____

3. _____

18 Ordena las letras de las siguientes palabras basándote en las pistas.

	Pista	Letras	Palabra
1.	Los técnicos lo montan antes de la obra de teatro.	rnecesoia	_____
2.	Es un tipo de baile teatral.	lbetal	_____
3.	Es la presentación de una obra artistica.	ófnicun	_____
4.	Es algo de poco contenido.	salupicierf	_____
5.	Son las personas que ven la obra de teatro.	ilcúpob	_____
6.	Es algo que el crítico escribe sobre un evento artístico.	erñeas	_____

19 Escribe las palabras que se usan para dar opiniones negativas en una columna y las que se usan para dar opiniones positivas en la otra.

formidable	entretenido	de buen gusto	incomprensible
hermoso	superficial	de mal gusto	estridente

Opiniones negativas

_____

_____

_____

_____

Opiniones positivas

_____

_____

_____

_____

20 Rechaza (*turn down*) las siguientes invitaciones y explica por qué no puedes aceptarlas usando las expresiones de ¡**Exprésate!**

MODELO ¿Me acompañas a ver la orquesta sinfónica?
        Gracias, pero tengo mucho que hacer. La próxima vez iré.

1. ¿Te interesa ir a ver una función de teatro?

_____

2. ¿Quieres ir a ver el concierto de música clásica?

_____

3. ¿Por qué no vamos al cine?

_____

4. ¿Me acompañas a la presentación de baile folclórico?

_____

VOCABULARIO 2

21 Lee las oraciones y decide si cada una es **cierta** (**C**) o **falsa** (**F**).

MODELO __C__ Las comedias son entretenidas.

_____ **1.** La orquesta está formada por un solo músico.

_____ **2.** Una obra de teatro necesita un escenario.

_____ **3.** Las obras de teatro son siempre tragedias.

_____ **4.** La comedia no pertenece al arte dramático.

_____ **5.** Se requiere mucho talento para escribir una canción.

_____ **6.** La letra, el ritmo y la melodía son elementos de la canción.

_____ **7.** La música de orquesta es siempre estridente.

_____ **8.** Los actores desempeñan sus papeles para el público.

_____ **9.** Los críticos hacen reseñas de los eventos artísticos.

_____ **10.** En las tragedias pasan cosas muy divertidas.

22 Escoge la palabra que complete mejor cada una de las siguientes oraciones.

_____ **1.** ¡Me gustó mucho la comedia! Me pareció ____ .

    a. pésima   **b.** de mal gusto   **c.** entretenida

_____ **2.** Los técnicos montaron un ____ muy hermoso.

    a. dibujo   **b.** escenario   **c.** ritmo

_____ **3.** La música era estridente y las canciones malas. El concierto me pareció ____ .

    a. pésimo   **b.** maravilloso   **c.** creativo

_____ **4.** Me encantó el ballet; además la música era muy ____ .

    a. melodiosa   **b.** estridente   **c.** formidable

_____ **5.** Yo quería ir a ver la obra de teatro pero la reseña decía que era ____ .

    a. genial   **b.** de buen gusto   **c.** de mal gusto

_____ **6.** Yo quiero ser artista porque me gusta ____ .

    a. jugar   **b.** crear   **c.** desempeñar

_____ **7.** Creo que la actriz principal desempeñó muy bien su ____ .

    a. melodía   **b.** papel   **c.** pintura

El arte y la música

Subjunctive with hopes and wishes

- Use the subjunctive in sentences that express wishes, hopes, or recommendations.
- Some phrases often followed by the subjunctive are: **aconsejar que, es buena idea que, es mejor que, esperar que, querer que, recomendar que, sugerir que, proponer que, es importante que, pedir que, decir que, necesitar que, ojalá (que), hace falta que,** and **es necesario que.**
- Use the subjunctive when you express a hope or wish for another person, when there is a change in subject between the main and subordinate clauses, and when the clauses are connected by **que.**

    Mis padres me aconsejan **que estudie** mucho.

- If there is no change in subject, use the infinitive and omit **que.**

    Él espera **ganar** el partido.

---

23 Escoge la frase que mejor completa las siguientes oraciones.

_____ **1.** En la universidad pienso _____.

_____ **2.** Los padres de Inés quieren que

ella _____.

_____ **3.** Quiero que mis amigos _____.

_____ **4.** Óscar sugiere que nosotros _____.

_____ **5.** Te recomiendo que _____.

> **a.** vayamos al concierto
> **b.** me acompañen al cine
> **c.** estudiar cinematografía
> **d.** tome clases de ballet
> **e.** saques una foto de la estatua

24 Completa el párrafo con el subjuntivo o el infinitivo de los verbos del cuadro según el contexto.

ir	llevar	visitar	llegar	dar	subir

Tengo un amigo en México y me ha pedido que yo lo (**1**) _____ este

verano. La verdad, me parece una buena idea. Yo quiero que mi amigo me

(**2**) _____ a ver las pirámides de Teotihuacán. Y luego quiero que

nosotros (**3**) _____ a los jardines flotantes de Xochimilco, en la ciudad

de México. Después quiero (**4**) _____ una caminata por el Zócalo y

(**5**) _____ a la torre Latinoamericana. Le voy a decir que pienso

(**6**) _____ el mes que viene. Seguramente le dará mucho gusto verme.

GRAMÁTICA 2

25 Completa las oraciones con la forma del verbo que corresponda según el contexto.

1. Quiero estudiar el ballet pero mis papás prefieren que yo (estudia / estudie) _____ la fotografía.

2. Este semestre espero (ensaye / ensayar) _____ con la banda del colegio.

3. Eduardo propone que (veamos / vemos) _____ la comedia este fin de semana.

4. Andrés necesita (comprar / compre) _____ los boletos para la función.

5. Mis amigos esperan que el concierto de música norteña (sea / es) _____ bueno.

26 Completa el párrafo con el subjuntivo o el indicativo del verbo según el contexto.

La nueva película es buenísima. Les aconsejo a todos que (**1**) _____ (ir) al cine esta noche a verla. Se trata de un hombre que (**2**) _____ (dar) sugerencias a sus amigos, pero todo sale muy mal. Él le recomienda a su amigo que (**3**) _____ (viajar) a la ciudad, pero él termina en el campo. Entonces propone que el amigo (**4**) _____ (tomar) un tren para regresar a la ciudad. El amigo compra su boleto, pero se (**5**) _____ (subir) al tren equivocado y llega a otro estado. Es mejor que ustedes mismos (**6**) _____ (ver) esta película. Van a ver que es muy entretenida.

27 Escribe oraciones completas usando el subjuntivo. Sigue el modelo.

MODELO propongo que / nosotros / montar el escenario
    Propongo que montemos el escenario.

1. el profesor de teatro pide que / nosotros / presentar el drama

_____

2. es importante que / ellos / ensayar con la banda

_____

3. Ana necesita que / Uds. / crear una canción

_____

4. hace falta que / ella / escuchar la música de la sinfónica

_____

5. es necesario que / Roberto / desempeñar bien su papel

_____

GRAMÁTICA 2

> ### The past perfect
> The **past perfect** (**pluscuamperfecto**) describes an action that took place before another action in the past. It is formed with the imperfect of **haber** plus a past participle, and is frequently used with **cuando, ya, aún no,** or **todavía no.**
>
> | Imperfect of **haber** | | + | Past participle |
> |---|---|---|---|
> | había | habíamos | | visto |
> | habías | habíais | + | escuchado |
> | había | habían | | tenido |

28 Escoge la oración en pluscuamperfecto que complete mejor cada una de las acciones en pasado.

_____ **1.** El profesor empezó a hablar cuando _____.

_____ **2.** _____ el examen cuando por fin llegó Micaela.

_____ **3.** _____ cuando llegué a clase.

_____ **4.** El día que presentamos el examen _____.

_____ **5.** _____ cuando terminaste de contestar todas las preguntas.

> **a.** aún no había comenzado
> **b.** los estudiantes se habían sentado en sus escritorios
> **c.** todavía no había visto a Guillermo
> **d.** habíamos estudiado mucho
> **e.** ya se te había roto el lápiz tres veces

29 Completa las oraciones con el pluscuamperfecto de los verbos del cuadro según el contexto.

> sentarse   tocar   terminar   leer   apagar   abrir

1. Las puertas del teatro ya _____ cuando yo llegué.

2. La comedia comenzó cuando el público ya _____ .

3. Los técnicos aún no _____ las luces cuando mi amiga llegó.

4. Ellos todavía no _____ la reseña cuando empezó a tocar la orquesta.

5. Cuando se levantó el telón, la orquesta _____ durante media hora.

6. Aún no _____ la obra cuando el público empezó a aplaudir.

¡Ponte al día!

1 Escoge la palabra que corresponda a cada una de las siguientes definiciones.

_____ **1.** Si alguien no siempre dice la verdad, es:
    a. imparcial.   **b.** detallado.   **c.** poco fiable.

_____ **2.** Un programa que te enseña e informa es:
    a. de concursos.   **b.** educativo.   **c.** evidente.

_____ **3.** Alguien que es fiable te:
    a. inspira confianza.   **b.** molesta.   **c.** fascina.

_____ **4.** Si ves los noticieros, lees periódicos y escuchas la radio, entonces:
    a. pasas por alto los temas.   **b.** tratas a fondo las noticias en línea.   **c.** te consideras bien informado.

_____ **5.** Algo que provoca reacciones contrarias en la gente:
    a. es informativo.   **b.** es controvertido.   **c.** está al tanto.

2 Lee las oraciones y decide si cada una es **cierta (C)** o **falsa (F)**.

_____ **1.** Las telenovelas son programas informativos.

_____ **2.** Para reseñar una película, no es necesario verla.

_____ **3.** Los buenos reporteros sólo investigan alguna que otra noticia a fondo.

_____ **4.** Los buenos noticieros presentan reportajes superficiales.

_____ **5.** Leer las noticias en línea es otra forma de mantenerse informado.

_____ **6.** Los locutores imparciales inspiran confianza.

3 Escoge la palabra del cuadro que corresponda a cada definición.

_____ **1.** grupo de problemas de la naturaleza

_____ **2.** un programa en que se tratan a fondo problemas de la vida real

_____ **3.** una presentación sobre una noticia

_____ **4.** una estación de televisión o radio

_____ **5.** en una forma, de una manera

_____ **6.** un medio de comunicación que solamente se escucha

> **a.** de modo
> **b.** el documental
> **c.** la emisora
> **d.** la radio
> **e.** el reportaje
> **f.** la crisis ambiental

4 Completa la conversación con las palabras del cuadro.

no creo que	evidente que	bien informado
convencido	parece mentira que	no estoy seguro
dudo que		

Juan   El equipo nacional es pésimo. No saben jugar.

Pablo   No estás (**1**) _____ . Yo

(**2**) _____ ellos pierdan si Rivas vuelve del

hospital.

Juan   Es (**3**) _____ Rivas es bueno, pero si él no está, el

equipo siempre pierde. (**4**) _____ sea bueno que

un equipo pierda por la falta de un solo jugador.

Pablo   (**5**) _____ digas eso. Yo no estoy de acuerdo.

Juan   Yo estoy (**6**) _____ de que necesitan otro

entrenador.

Pablo   (**7**) _____ de que tengas razón sobre eso. Gómez

siempre ha sido uno de los mejores entrenadores del país.

5 Tu amigo siempre quiere dar la imagen de que lo sabe todo y tú nunca estás de acuerdo con él. Escoge la declaración que mejor contradiga *(contradicts)* sus declaraciones.

_____ **1.** Creo que la crisis económica terminará pronto.
   a. Dudo que estés bien informado sobre la crisis económica.
   b. Es evidente que tú estás al tanto de lo que pasa en el país.

_____ **2.** Estoy seguro de que viviremos en la Luna muy pronto.
   a. Parece mentira que digas eso. No sabes de lo que estás hablando.
   b. Estoy seguro de que tienes razón.

_____ **3.** Estoy convencido de que los reporteros son poco fiables.
   a. Es evidente que no investigan los temas a fondo.
   b. No creo que los reporteros sean poco fiables.

_____ **4.** Pienso que el problema ambiental no tiene solución.
   a. Estoy seguro de que tienes razón sobre el problema ambiental.
   b. Estoy convencido de que sí tiene solución.

Cuaderno de vocabulario y gramática

62

VOCABULARIO 1

6 Expresa tu propia opinión sobre los siguientes temas. Escribe oraciones completas usando las expresiones de ¡**Exprésate!** y las palabras dadas.

1. las noticias de ese periódico / ser detalladas

_____

2. las noticias en línea / mantenerte mal informado

_____

3. tu canal favorito / tener reportajes fiables

_____

4. los concursos / ser educativos

_____

5. las telenovelas / ser informativas

_____

7 Reacciona ante las siguientes declaraciones expresando la opinión contraria. Usa las expresiones de duda o de certeza presentadas en ¡**Exprésate!** y sigue el modelo como guía.

MODELO No se venderán las entradas del concierto.
   No creo que estés bien informado; ya se vendieron todas las entradas.

1. Creo que las telenovelas son muy aburridas.

_____

_____

2. Estoy convencido de que no hay una crisis económica en este país.

_____

_____

3. Es evidente que ese locutor es muy parcial.

_____

_____

4. No importa si veo muchos concursos. No estoy mal informado.

_____

_____

5. Es evidente que los hombres son mejores que las mujeres.

_____

_____

¡Ponte al día!

Indicative after expressions of certainty

- An expression of certainty describes an event that in the speaker's mind is a fact: **claro que, estoy seguro(a) (de) que, es cierto que, me / te / le / nos / les parece que, no cabe duda de que, es evidente que, es obvio que, por supuesto que, sin duda alguna, está claro que, estoy convencido(a) de que, todo el mundo sabe que.**

- **Expressions of certainty** in the main clause of a sentence require the use of the **indicative** mood in the subordinate clause:

    No cabe duda de que nuestro equipo **es** el mejor.

    Por supuesto que te **ayudaré** a estudiar.

---

8 Completa las siguientes oraciones con la forma correcta del verbo que corresponda según el contexto.

haber	tener	ir	afectar	ser

1. Nos parece que tu investigación _____ un poco superficial.

2. Es evidente que la crisis ambiental nos _____ a todos.

3. Estoy segura de que _____ a ver mi punto de vista.

4. Es obvio que no _____ toda la información.

5. Es cierto que _____ muchas opiniones acerca del tema.

9 Expresa una opinión de certeza sobre los siguientes temas. Escribe oraciones completas usando las expresiones de **¡Exprésate!** y las palabras dadas.

1. (telenovela / controvertida)

    _____

2. (concursos / imparciales)

    _____

3. (programas de radio / interesantes)

    _____

4. (película / aburrida)

    _____

5. (documental / educativo)

    _____

GRAMÁTICA 1

Subjunctive after expressions of doubt and disbelief

• **Expressions of doubt and disbelief** in the main clause of a sentence require the use of the **subjunctive** mood in the subordinate clause:

Dudo que su punto de vista **sea** imparcial.

• When the expression of doubt or disbelief refers to an event that has already happened, use the **present perfect subjunctive** in the subordinate clause.

Es increíble que hayan pasado por alto esa noticia.

• Some expressions of doubt and disbelief: **dudar que, no es cierto que, no estar seguro(a) (de) que, es dudoso que, es increíble que, no está claro que, es imposible que, no puedo creer que, no creer que, parece mentira que.**

---

10 Completa las siguientes oraciones con el indicativo o el subjuntivo de los verbos en paréntesis según el contexto.

1. No puedo creer que la reportera de este canal (investigar) _____ las noticias a fondo.

2. Estoy segura de que ella siempre (equivocarse) _____ en algunos detalles.

3. Es obvio que no (saber) _____ mucho de economía.

4. Parece mentira que (hacer) _____ reportajes tan poco detallados.

5. Todo el mundo sabe que ella (estar) _____ mal informada.

11 Reacciona ante las siguientes declaraciones con la opinión contraria y el presente perfecto del subjuntivo. Sigue el modelo como guía.

MODELO El documental fue muy educativo.
      No es cierto que el documental haya sido muy educativo.

1. El reportaje sobre la política que hicieron en el periódico fue muy parcial.

_____

2. Presentaron un concurso poco fiable en la radio.

_____

3. Los reporteros de este canal investigaron temas muy superficiales.

_____

4. La última película de Almodóvar fue muy aburrida.

_____

5. La locutora pasó por alto muchos detalles importantes.

_____

  65

GRAMÁTICA 1

> **Uses of _haber_**
> • To express _there is_ or _there are_ in Spanish, use **hay.**
>   **Hay** muchas telenovelas por la mañana.
> • To express _there was_ or _there were_, use **hubo** or **había.**
>   **Hubo** un concierto increíble.   **Había** mucha gente esperando.
> • To express _there is_ or _there are_ in the subjunctive mood, use **haya.**
>   No creo que **haya** buenos programas en ese canal.
> • To express _there will be_, use **habrá.**
>   **Habrá** un documental esta noche.

12 Escoge la forma correcta de **haber,** según el contexto.

1. Hoy en día, (hay / hubo) _____ muchos canales de televisión; antes

   sólo (había / haya) _____ alguno que otro.

2. Abuela dice que (había / haya) _____ un programa que ella siempre

   veía en la televisión de niña. Dudo que (haya / hubo) _____

   programas parecidos ahora.

3. Estoy segura de que (habrá / haya) _____ varios programas esta

   noche sobre las elecciones. No creo que (hay / haya) _____ ningún

   programa imparcial.

4. (Hay / Haya) _____ un locutor que me gusta en este canal. El año

   pasado (había / hay) _____ uno mejor, pero se jubiló.

13 Completa la conversación con las formas correctas de **haber.**

— ¿Sabes cómo estuvo la fiesta que (**1**) _____ el sábado?

— Me imagino que estuvo buenísima, pero ya sabes, seguramente

   (**2**) _____ más de un problema.

— Sin duda alguna. Dicen que (**3**) _____ más de 200 estudiantes y

   siempre que se reúnen tantas personas, (**4**) _____ problemas.

— ¿Qué tal estuvo la música?

— Dicen que (**5**) _____ una orquesta increíble. ¡Parece mentira!

— ¿Crees que (**6**) _____ otra fiesta en el colegio pronto?

— ¡Por supuesto! Siempre (**7**) _____ fiestas en el colegio, pero no creo

   que (**8**) _____ otra fiesta con orquesta este año.

Holt Spanish 3   Cuaderno de vocabulario y gramática

¡Ponte al día!

14 Decide qué sección del periódico está leyendo cada persona según sus comentarios.

_____ **1.** Leí la opinión del periódico sobre la crisis ambiental y no estoy de acuerdo.

    a. los titulares   **b.** los editoriales   **c.** los obituarios

_____ **2.** ¿Viste el nuevo estilo de zapatos italianos?

    a. la sección de cocina   **b.** la sección de moda   **c.** el enfoque mundial

_____ **3.** Te contaré todas las noticias más importantes.

    a. la primera plana   **b.** la sección financiera   **c.** el enfoque local

_____ **4.** ¿Sabes lo que está pasando en España a causa de la tormenta?

    a. el enfoque mundial   **b.** los obituarios   **c.** los anuncios clasificados

_____ **5.** ¡Ay, qué triste! Se murió el señor Gómez.

    a. los editoriales   **b.** la primera plana   **c.** los obituarios

15 Escribe la sección del periódico donde se podría ver las siguientes imágenes.

1. _____   **2.** _____   **3.** _____   **4.** _____

_____   _____   _____   _____

16 Escoge la palabra que corresponda a cada definición.

_____ **1.** Cuando se prohíbe que se hable o escriba sobre una noticia o un evento.

_____ **2.** Frase que da a conocer el contenido de una noticia.

_____ **3.** Sección donde se lee sobre la situación económica.

_____ **4.** Persona que escribe las noticias.

> **a.** financiera
> **b.** titular
> **c.** censura
> **d.** periodista

(67)

17 Combina las frases para explicar por qué leen las siguientes personas cierta sección del periódico.

_____ **1.** Alicia lee los editoriales...

_____ **2.** Carlos lee la sección financiera...

_____ **3.** Lucía lee la sección de moda...

_____ **4.** Yo leo la sección deportiva...

_____ **5.** Los Ruiz leen la primera plana...

a. para estar informados sobre las últimas noticias.

b. para enterarme de los resultados de fútbol.

c. para conocer la opinión de otros sobre la situación política.

d. porque quiere saber cómo sigue la crisis económica.

e. para conocer nuevos estilos de ropa.

18 Decide qué palabra o frase no pertenece al grupo.

_____ **1. a.** el artículo   **b.** los editoriales   **c.** el locutor

_____ **2. a.** la sección de sociedad   **b.** las tiras cómicas   **c.** la prensa

_____ **3. a.** el comentario   **b.** el titular   **c.** el editorial

_____ **4. a.** censurar   **b.** opinar   **c.** entrevistar

_____ **5. a.** la sección de cocina   **b.** la sección de moda   **c.** las noticias en línea

19 Contesta las siguientes preguntas con la sección del periódico que corresponda según el contexto.

MODELO ¿Cómo supiste que el equipo nacional ganó el partido?
Lo leí en la sección deportiva.

1. ¿Cómo te enteraste de que Ana y Pedro se comprometieron?

_____

2. ¿Cómo te enteraste de que mi abuela se murió?

_____

3. ¿Cómo supiste que habrá una exposición de pintura en el museo?

_____

4. ¿Cómo te enteraste de la caída en la bolsa de valores *(stock market)*?

_____

5. ¿Cómo sabes tanto de la situación política en Argentina?

_____

VOCABULARIO 2

20 Laura dice que ha leído todas las secciones del periódico, pero no es la verdad. Mira lo que dice entre paréntesis para saber si ella sí leyó o no leyó la sección de que habla. Luego reacciona ante sus declaraciones usando una expresión de certeza o de duda, según el modelo.

MODELO No hay una crisis económica en nuestro país. (no)
          Es imposible que hayas leído la sección financiera.

1. No hay apartamentos para rentar. (no)

_____

2. Voy a visitar la nueva exposición de arte. (sí)

_____

3. Los Delfines son el mejor equipo este año. (no)

_____

4. ¡Una mujer ganó las elecciones de presidente! (no)

_____

5. El colegio de nuestro pueblo va a construir una piscina este año. (sí)

_____

21 Imagina que conversas con un amigo y él te pregunta sobre temas que tú no conoces. Contéstale, explicando que sabes poco o nada de ese tema.

1. ¿Qué piensas de la situación económica del país?

_____

2. ¿Crees que el presidente tomó una buena decisión sobre el comercio con otros países?

_____

3. ¿Se venderán suficientes boletos para el concierto de la orquesta sinfónica?

_____

4. ¿Crees que se va a resolver la crisis ambiental?

_____

5. ¿Sabes dónde será la exposición de fotografía?

_____

¡Ponte al día!

Indefinite expressions

Affirmative: **algo, alguien, algún, alguno(a), algunos(as), también, siempre**
Negative: **nada, nadie, ningún, ninguno(a), ningunos(as), tampoco, nunca, jamás**

- **No** is frequently paired with a negative expression.

  No hay **nadie** en casa.   **No** tengo **ninguna** sección del periódico.

- To express *either... or* and *neither... nor* you can use the words **o** and **ni**.

  Prefieres éste **o** aquél.   No me gusta éste **ni** aquél.

- The indefinite adjectives and pronouns must agree with nouns in gender and number.

  Quiero decirte **algunas palabras**.   No vi **ningún carro**.

---

22 Completa las oraciones con la palabra que corresponda, según el contexto.

1. No hay (nadie / alguien) _____ aquí. ¿De quién es este periódico?

2. No tengo (ninguna / ningún) _____ idea.

3. No veo la sección de ocio (ni / jamás) _____ la sección deportiva.

4. Los editoriales no están aquí (también / tampoco) _____ .

5. Vamos a comprar otro. Quiero ver si hay (alguna / algún) _____ película buena hoy.

23 Cambia las siguientes oraciones afirmativas por oraciones negativas. Transforma las palabras subrayadas.

MODELO <u>Alguien</u> llamó por teléfono.   **Nadie llamó por teléfono.**

1. Nosotros <u>siempre</u> leemos la primera plana.

   _____

2. A mí <u>también</u> me gusta la sección deportiva.

   _____

3. <u>Algunas personas</u> prefieren la sección financiera.

   _____

4. Necesito <u>algo</u>.

   _____

5. Hay <u>algunas personas</u> que tienen mucho en común conmigo.

   _____

Holt Spanish 3

Cuaderno de vocabulario y gramática

GRAMÁTICA 2

Gender of nouns

General rules to determine **gender of nouns** that do not end in **-o** or **-a**:

Masculine   **Feminine**
nouns ending in **-aje, -al, -és, -in, -ma;**   nouns ending in **-dad, -ión, -z, -is,**
compound nouns   **-ie, -umbre**

• Nouns ending in **-l, -n,** and **-r** can be either masculine or feminine.

• Many nouns that refer to people have the same forms for masculine and feminine. Depending on the gender of the person, the article changes:

   Anita: **la modelo**   David: **el modelo**

• A noun can have different meaning when the article changes:

   la orden: *command*   **el orden**: *order, organization*

• When a feminine noun begins with a stressed **a-** or **ha-**, the singular will take the article **el**; in these cases the article does not indicate the gender of the noun.

   el agua   **las aguas**

---

24 Escribe **femenino** o **masculino** junto a los siguientes sustantivos, según las reglas estudiadas. Si el sustantivo puede ser femenino o masculino escribe los dos géneros *(genders)*.

1. incertidumbre _____   7. carnaval _____

2. periodista _____   8. canción _____

3. serie _____   9. ciudad _____

4. mañana _____   10. artista _____

5. estudiante _____   11. programa _____

6. francés _____   12. voz _____

25 Completa las siguientes oraciones con el artículo masculino o femenino que corresponda, según el contexto.

1. Por _____ mañana me puse a pensar en _____ mañana.

2. _____ orden que recibió la policía fue de imponer _____ orden.

3. Marie Curie descubrió _____ radio, pero _____ radio aún no existía.

4. En _____ capital está el banco en donde está _____ capital del país.

5. _____ cura rezó por _____ cura de la enfermedad.

71

GRAMÁTICA 2

> **Indicative in compound sentences**
> - A **compound sentence** is formed by two clauses, a main clause and a subordinate clause which frequently begins with **que.**
> - Use the **subjunctive** in the subordinate clause if the main clause indicates doubt, denial, or uncertainty.
> - Use the **indicative** in the subordinate clause if the main clause indicates certainty or truth.
> - If the following verbs are used in the main clause, the verbs in the subordinate clause are typically conjugated in the indicative mood: **decir, informar, anunciar, afirmar, contar, enterarse.**

26 Completa las siguientes oraciones con el indicativo o el subjuntivo del verbo entre paréntesis según el contexto.

1. No creo que tú (haber estudiar) _____ para el examen.

2. Parece mentira que Ana (haber casarse) _____ .

3. El noticiero informó que el país (estar) _____ en una crisis económica.

4. La profesora duda que nosotros (estudiar) _____ lo suficiente.

5. Estoy convencido de que todos (deber) _____ estar más informados.

27 Combina las frases para formar oraciones.

MODELO mi hermano / creer que / los periodistas / ser poco fiables
Mi hermano cree que los periodistas son poco fiables.

1. el reportero / decir que / el presidente / viajar pronto

_____

2. mis padres / querer que / yo / suscribirme al periódico

_____

3. las emisoras / preferir que / nosotros / escuchar los reportajes

_____

4. la locutora / anunciar que / el director / cambiar el horario escolar

_____

5. tú / pensar que / la locutora / estar mal informada

_____

---

1 Escoge la palabra que corresponda a cada una de las siguientes definiciones.

_____ **1.** las características que nos transmiten nuestros padres

_____ **2.** contribución

_____ **3.** nuestros familiares que vivieron hace mucho tiempo

_____ **4.** las tradiciones y cultura de los antepasados

_____ **5.** sentimiento de estar contento con uno mismo

_____ **6.** renuncia a algo importante para lograr *(accomplish)* una meta

> **a.** la raíces
> **b.** los antepasados
> **c.** el orgullo
> **d.** el sacrificio
> **e.** el aporte
> **f.** la herencia

2 Lee las oraciones y decide si cada una es **cierta (C)** o **falsa (F)**.

_____ **1.** Las personas se sienten orgullosas cuando alcanzan sus sueños.

_____ **2.** Sólo se puede encajar en el lugar en donde uno se crió.

_____ **3.** En una nación diversa, cada grupo étnico contribuye a las costumbres.

_____ **4.** A alguien que no está orgulloso de su herencia, le gusta mantener las tradiciones de su grupo étnico.

_____ **5.** Es correcto discriminar a las personas por su ascendencia.

3 Completa el siguiente párrafo con palabras del cuadro en su forma correcta.

raíces	discriminar	mantener	apoyo
expresarse	éxito	contribuir	asimilado
compromiso	agradecido		

Pude ir a la universidad gracias al (**1**) _____ de mis padres. Ellos

(**2**) _____ mucho a mi vida con su amor y su trabajo y es por ellos

que ahora tengo (**3**) _____ . Mi familia es como un árbol enorme

que tiene sus (**4**) _____ en el pasado y sus ramas en el futuro.

Ahora, creo que he (**5**) _____ el estilo de vida de la ciudad y puedo

(**6**) _____ en el idioma de mis nuevos amigos. Pero siempre insisto

en (**7**) _____ las tradiciones de mis antepasados y puedo protestar

cuando alguien (**8**) _____ a mi grupo étnico. En el futuro, quiero

demostrarles a mis padres que me siento muy (**9**) _____ por su

ayuda y que sé que tengo un (**10**) _____ importante con ellos.

VOCABULARIO 1

4 Escribe una expresión de **Exprésate** que significa *(means)* lo mismo que la frase en itálica.

1. *Fue muy difícil para nosotros*

_____ acostumbrarnos a vivir en Estados Unidos.

2. *Nos vimos obligados a trabajar duro*

_____ para alcanzar nuestras metas.

3. *Se presentaban muchos retos* (challenges) *en*

_____ encontrar trabajo por el problema del idioma.

4. *Gradualmente nos volvimos* (became) *compatibles con*

_____ los nuevos modos de ser.

5. *hicimos cara a* (faced) *las dificultades*

Todos nosotros _____ y finalmente triunfamos.

5 Imagina a tus antepasados en las Américas y usa **Exprésate** para describir sus logros *(accomplishments)* con respecto a los siguientes temas.

1. cruzar el continente

_____

_____

2. los frutos de su trabajo

_____

_____

3. algo que pudieron asimilar después de mucho tiempo

_____

_____

4. algo que tú personalmente has podido superar

_____

_____

5. algo que la sociedad por fin logró

_____

_____

6 Completa el siguiente párrafo con las palabras del cuadro.

modo de ser	pertenecen	estilo de vida	aprovechar	apoyar

Todas las personas (1) _____ a una comunidad. Yo, por ejemplo,

soy quechua. Los quechuas tenían en el pasado un (2) _____ muy

particular. Vivían en las montañas de los Andes y se dedicaban a la agricultura y

la ganadería. El lugar y las actividades que realiza un pueblo también influyen

mucho en su (3) _____ . Los quechuas, por ejemplo, nos sentimos

muy ligados *(linked)* a la tierra y a nuestra familia. Hoy en día, muchas personas

que antes vivían en pequeños pueblos han emigrado a las grandes ciudades y

poco a poco han ido perdiendo su identidad cultural. Es importante

(4) _____ a las diversas comunidades y pueblos, porque cada uno

de ellos puede aportar mucho a la sociedad en la que participa. Una sociedad

moderna debe (5) _____ la riqueza cultural de las distintas

comunidades que la forman.

7 Imagina que eres un(a) explorador(a) y que has encontrado una nueva isla. Usa
tu imaginación y contesta las siguientes preguntas.

   1. ¿Qué obstáculos enfrentaste al llegar a la isla?

   _____

   2. ¿Cómo pudiste asimilar el estilo de vida de los nativos?

   _____

   _____

   3. ¿Cómo lograste encontrar alimento?

   _____

   4. ¿Cómo lograste comunicarte con los nativos?

   _____

Mis aspiraciones

Verbs that change meaning in the preterite and imperfect

The following verbs change meaning in the **preterite** and **imperfect**:

	Preterite	**Imperfect**
estar	was there for a defined period	was there for an unspecified period
poder	was able to	could (possibly)
tener	had, received	had (in one's possession)
tener que	had to (and did)	had to (but did not necessarily do it)

---

8 Escoge el tiempo del verbo en paréntesis que corresponda según el contexto.

1. Te cuento que mi prima Claudia (tenía / tuvo) _____ un bebé.

2. (Teníamos / Tuvimos) _____ que ir hoy a su casa a ayudarla, pero no funcionaba el carro.

3. No (podía / pude) _____ encenderlo y Papá dijo que

   (podía / pudo) _____ ser la batería.

4. Por fin llegué y ella todavía (estaba / estuvo) _____ allí esperándome.

9 Combina las frases dadas y tus propias ideas y forma oraciones completas. Usa el pretérito o el imperfecto de los verbos según corresponda y sigue el modelo como guía.

MODELO mis antepasados / llegar a este país / tener que...
> **Cuando mis antepasados llegaron a este país, tuvieron que enfrentar muchos obstáculos.**

1. ellos querer tener éxito / tener que hacer un esfuerzo / adaptarse a...

   _____

   _____

2. ellos / no conocer a nadie / no saber hablar...

   _____

3. con el tiempo / ellos poder expresarse / hacer amigos / sentirse orgullosos...

   _____

   _____

GRAMÁTICA 1

Grammatical reflexives

- A verb used reflexively expresses an action directed back on the subject and takes a **reflexive pronoun:** **me** baño   **te** peinas   **se** viste
- Verbs that take a reflexive pronoun even though their action is not directed back on the subject are known as grammatical reflexives, and often express a process or change in state: **me** burlo   **te** casaste   **nos** graduamos

10 Separa los verbos reflexivos de los reflexivos gramaticales.

| peinarse | vestirse | ducharse | quejarse | graduarse |
| casarse | criarse | expresarse | bañarse | lavarse |

reflexivos	reflexivos gramaticales

11 Completa las siguientes oraciones con la forma correcta del verbo en paréntesis.

MODELO Yo (esforzarse) **me esforcé** mucho en el colegio este año.

1. Esta mañana nosotros (levantarse) _____ temprano y

   (desayunar) _____ juntos.

2. Yo (bañarse) _____ mientras mi hermano

   (lavarse) _____ los dientes.

3. Mi mamá (vestirse) _____ con su mejor vestido y todos

   (ir) _____ a la graduación.

4. Cuando (graduarse) _____ , les (agradecer)

   _____ a mis padres su sacrificio.

5. Yo no sé (expresarse) _____ muy bien, pero les

   (decir) _____ que no pude haberlo hecho sin su apoyo.

CAPÍTULO

7

GRAMÁTICA 1

> ### *Lo* and *lo que*
>
> • **Lo + adjective** expresses an abstract idea *(the ... thing):*
>
> > **Lo triste** es que todavía existe la discriminación.
> > *The sad thing is that discrimination still exists.*
>
> • **Lo que + verb** also expresses an idea such as what was said or done, that will be defined in the same sentence. *(the thing that):*
>
> > **Lo que me molesta** es que las personas tengan prejuicios.
> > *The thing that bothers me is that people have prejudices.*

12 Completa las oraciones con **lo** o **lo que.**

1. _____ escuché fue que los grupos étnicos sufren mucha discriminación.

2. _____ malo de la discriminación es que hiere a las personas.

3. Creo que _____ tenemos que hacer es informar a la gente para combatir la ignorancia.

4. _____ más importante es tratar de eliminar los prejuicios y los estereotipos.

5. _____ sugirió Mónica es que hagamos una feria cultural para mostrar las tradiciones de los diferentes grupos étnicos.

13 Contesta las siguientes preguntas sobre tus gustos personales en oraciones completas.

1. ¿Qué es lo que más te motiva?

_____

2. ¿Qué es lo más emocionante que te ha pasado?

_____

3. ¿Qué es lo bueno de hablar dos idiomas?

_____

4. ¿Qué es lo que te hace sentir más orgulloso(a)?

_____

5. ¿Qué es lo que más les agradeces a tus padres?

_____

_____

Mis aspiraciones

VOCABULARIO 2

14 Ordena las letras de las siguientes palabras basándote en las pistas.

Letras	Pista	Palabra
1. rufriant	Tener éxito.	
2. atem	Lo que queremos lograr.	
3. amort al iavnticiai	Dar el primer paso.	
4. basteracusomr	Asimilar algo.	
5. ñemaesepr	Insistir en algo sin darse por vencido.	

15 Escoge la palabra que corresponda a cada definición.

_____ **1.** No quedarse en el pasado.
   a. seguir adelante   **b.** darse por vencido   **c.** empeñarse

_____ **2.** Las metas que queremos lograr.
   a. las costumbres   **b.** los sacrificios   **c.** los objetivos

_____ **3.** Centrarse en un solo objetivo.
   a. agradecer a   **b.** enfocarse en   **c.** luchar por

_____ **4.** Es transformarse en algo o pasar de una identidad a otra.
   a. soñar con   **b.** llegar a ser   **c.** seguir adelante

_____ **5.** Vivir en un lugar fijo.
   a. establecerse en   **b.** alcanzar   **c.** sacrificar

16 Combina las frases y forma oraciones sobre tus planes para el futuro.

_____ **1.** Para tener éxito, es necesario...

_____ **2.** Sueño con ser...

_____ **3.** Mis padres luchan para que...

_____ **4.** Nuestra aspiración es...

_____ **5.** Estoy seguro que si nos empeñamos...

a. establecernos como abogados.
b. yo pueda alcanzar mis metas.
c. lograremos nuestros objetivos.
d. seguir adelante y no darse por vencido.
e. periodista y escribir para un periódico.

VOCABULARIO 2

17 Escribe la letra de la palabra que no corresponda al grupo.

_____ **1. a.** empeñarse   **b.** esforzarse   **c.** darse por vencido

_____ **2. a.** los desafíos   **b.** los objetivos   **c.** las metas

_____ **3. a.** realizar   **b.** establecerse   **c.** lograr

_____ **4. a.** las aspiraciones   **b.** los sueños   **c.** las tradiciones

_____ **5. a.** luchar   **b.** triunfar   **c.** tener éxito

_____ **6. a.** pertenecer a   **b.** pensar   **c.** tener la intención de

_____ **7. a.** contribuir   **b.** hacer un aporte   **c.** tomar la iniciativa

_____ **8. a.** adaptarse   **b.** acostumbrarse   **c.** empeñarse

18 Completa la conversación entre Jorge y Marcos con las frases del cuadro.

en cuanto sea mayor	**tengo la intención**	**antes de que empiecen**
tan pronto como	**cuando cumpla**	**con la idea**

Jorge   ¿Ya tienes planes para las vacaciones?

Marcos Claro, (**1**) _____ las clases quiero ir a la costa con

mis padres. ¿Y tú?

Jorge   Yo no puedo viajar. Tengo que estudiar para mi examen de admisión a

la universidad. Tú sabes que (**2**) _____ de estudiar

cálculo y ser profesor universitario.

Marcos Yo también voy a estudiar cálculo (**3**) _____ de

poder ir a la universidad. Pero (**4**) _____ ingresaré

a la escuela de leyes.

Jorge   ¿Y en tu vida personal, cuáles son tus planes?

Marcos (**5**) _____ pueda, me gustaría ayudar a los grupos

étnicos del país para que no los discriminen tanto. Además,

(**6**) _____ los treinta años, me gustaría casarme y

empezar una familia.

80

VOCABULARIO 2

19 Basándote en los dibujos, describe lo que cada persona diría sobre sus planes para el futuro.

1.   2.   3.   4.

1. _____

2. _____

3. _____

4. _____

20 Según los comentarios, escribe una oración que exprese causa y efecto usando las expresiones de ¡**Exprésate!**

MODELO Desde niña, Luisa se ha entrenado para ser futbolista. Ahora es una futbolista famosa.
Su éxito en el fútbol se debe mucho a su entrenamiento.

1. Nora siempre se ha esforzado mucho. Es la primera de su clase.

_____

_____

2. Inés y Pedro se pelearon. Inés decidió hablar con él e hicieron las paces.

_____

_____

3. Eduardo quería ser presidente de la clase. Tuvo la oportunidad, pero no tomó la iniciativa y se lo dieron a Manuel.

_____

_____

4. Maritza habla cinco idiomas. Tiene muchísimas ofertas de trabajo.

_____

_____

Mis aspiraciones

Subjunctive after adverbial conjunctions

After the following expressions, called **adverbial conjunctions,** the subjunctive is always used:

a menos (de) que	**A menos que aprobemos** el curso, no iremos a la fiesta.
antes de que	Hay que limpiar la habitación **antes de que llegue** mamá.
con tal (de) que	Estoy dispuesto a pagarte **con tal de que me ayudes.**
en caso de que	**En caso de que esté** enfermo, iré al hospital.
para que	**Para que logremos** nuestras metas, tenemos que esforzarnos.
sin que	Te voy a ayudar a hacer la tarea **sin que me lo pidas.**

---

21 Completa las oraciones con el subjuntivo del verbo que corresponda según el contexto.

querer	llegar	venir	pasar	ayudar

1. Con tal de que tú _____ a mi fiesta, invitaré a tu amigo.

2. Antes de que (yo) _____ por ti, tengo que pasar por Ana.

3. En caso de que (yo) _____ tarde, llámame al celular.

4. A menos que (tú) _____ venir más tarde, te voy a buscar después de las siete.

5. No será un éxito sin que tú me _____ a preparar la comida.

22 Yolanda está hablando de sus planes para el fin de semana. Completa sus oraciones.

MODELO Tengo la intención de salir este fin de semana sin que **nadie me lo pueda impedir.**

1. Voy a hacer senderismo con Maribel el sábado a menos de que...

_____

2. Quiero salir temprano y regresar antes de que...

_____

3. Le dije a mi hermanito que puede venir con nosotras con tal de que...

_____

4. Tengo otras actividades que puedo hacer el sábado en caso de que...

_____

GRAMÁTICA 2

Subjunctive with future actions

- Conjunctions that express time are:

    cuando, después de que, en cuanto, hasta que, tan pronto como

- The subjunctive must be used with a conjunction that expresses time when the verb refers to an action that has not happened yet.

    Después de que nos graduemos, nos estableceremos como abogados.

- You may use the indicative with conjunctions that express time if you are talking about habitual or past actions.

---

23 Completa las oraciones con la forma del verbo que corresponda según el contexto.

volver	haber	graduarse	terminar	encontrar	tener

MODELO Tan pronto como **me gradúe** del colegio, iré a la universidad.

1. En cuanto _____ la universidad, buscaré trabajo.

2. Montaremos un negocio cuando _____ el lugar perfecto.

3. No nos daremos por vencidos hasta que _____ hecho todo lo posible.

4. Tan pronto como _____ dinero, viajaremos por el mundo.

5. Después de que _____ , comprarás una casa.

24 Completa las siguientes oraciones según tus planes personales. Usa el subjuntivo.

MODELO Iré a comer en cuanto **termine las clases.**

1. Realizaré un viaje a Latinoamérica tan pronto como...

    _____

2. Tengo la intención de llegar a ser profesional para que...

    _____

3. Voy a salir cuando...

    _____

4. Me gustaría buscar un trabajo después de que...

    _____

5. Voy a practicar el español hasta que...

    _____

Indicative with habitual or past actions

- When referring to a habitual action using conjunctions such as **en cuanto, cuando, después de que, hasta que,** and **tan pronto como,** use the **indicative.**

  No dejo de comer **hasta que me siento** satisfecho.

- Also use the indicative when you are describing completed actions in the past.

  Cuando supimos que estaba enfermo, fuimos a visitarlo.

- The difference between the use of indicative and subjunctive with adverbial conjunctions of time is that the indicative describes completed actions in the past, while the subjunctive describes an action that has not yet happened.

  Después de que **vimos** la película, fuimos a cenar.
  En cuanto **veamos** la película, iremos a cenar.

---

25 Lee las oraciones y decide si cada una describe una acción **a)** pasada, **b)** habitual o **c)** futura.

MODELO __a__ Después de que llegué a este país, aprendí a expresarme en inglés.

_____ 1. Después de que llegaba a casa, siempre estudiaba inglés.

_____ 2. No me di por vencido hasta que pude comunicarme bien.

_____ 3. Ahora me siento muy cómodo cuando tengo que hablar con la gente.

_____ 4. Pienso estudiar otro idioma en cuanto termine el colegio.

_____ 5. Voy a buscar trabajo en negocios internacionales tan pronto como me gradúe de la universidad.

26 Completa las oraciones con la forma correcta del verbo en paréntesis según el contexto.

1. No seremos felices hasta que (lograr) _____ nuestros objetivos.

2. De joven, yo siempre luchaba hasta que (triunfar) _____ .

3. En cuanto (conseguir) _____ dinero suficiente, montaré mi propio negocio.

4. Me enfoqué en el estudio de los negocios después de que

   (graduarse) _____ del colegio.

5. Cuando (tener) _____ más éxito, buscaré más empleados.

(**84**)

CAPÍTULO

¿A qué te dedicas?

VOCABULARIO 1

1 Escoge la palabra que corresponda a cada una de las siguientes definiciones.

_____ 1. alguien que es capaz de hacer bien su trabajo
   a. voluntario   **b.** incompetente   **c.** competente

_____ 2. habilidad que tiene alguien para hacer una determinada actividad
   a. adelanto   **b.** talento   **c.** ventaja

_____ 3. inmediatamente después
   a. enseguida   **b.** a la vez   **c.** hoy en día

_____ 4. alguien que contribuye con su tiempo y su trabajo sin esperar nada a cambio
   a. un auxiliar   **b.** un voluntario   **c.** un reportero

_____ 5. en estos tiempos
   a. vida diaria   **b.** vida cotidiana   **c.** hoy en día

2 Escribe la palabra o frase que mejor complete las oraciones.

1. Mi mamá me dice que no puedo hacer dos cosas a la vez; tengo que

_____ a ver televisión o a estudiar.

2. Para ayudar a las personas, no lo pienso dos veces, lo hago en un

_____ .

3. Tengo talento para la tecnología; soy _____ de construir un robot.

4. El álgebra me _____ porque soy buena para las matemáticas.

5. Hacer caso a rumores no mejora nuestra relación, Vicky, sino que la

_____ .

6. Fui a ver al doctor pero estaba muy ocupado y me atendió su _____

médico en su lugar.

7. Todos los días hay _____ tecnológicos, es decir, procesos e

instrumentos que nos hacen progresar en nuestra vida diaria.

3 Combina las frases y forma oraciones. Usa la información dada en el cuadro y las expresiones de ¡**Exprésate!**

Ricardo	**Pablo**
Tiene talento para los deportes.	Es muy solitario.
No le va bien en el colegio.	No es atlético.
Es muy abierto.	Tiene talento para la tecnología.

1. Pablo / crear adelantos tecnológicos

   _____

2. Ricardo / aprobar sus cursos

   _____

3. Pablo / hacer amigos fácilmente

   _____

4. Pablo / practicar un deporte

   _____

5. Ricardo / hacer amigos

   _____

4 Completa las siguientes oraciones con una palabra de **Vocabulario.**

1. Quiero ser una _____ , por eso pienso estudiar administración de empresas y contabilidad.

2. Yo era muy desorganizada hasta que mi tía me regaló una _____ electrónica.

3. Me resulta bastante fácil duplicar páginas ahora que compré una _____ para la casa.

4. Trataremos de responder a todas las llamadas telefónicas, pero no estará a nuestro alcance hasta que tengamos un _____ automático.

5. Los aparatos electrónicos tienen sus _____ , eso sí, pero no son una solución a todos los problemas.

6. Lo más seguro es que los adelantos tecnológicos van a tener un impacto fuerte en la _____ de todos.

86

5 Completa los siguientes comentarios de varias personas sobre los adelantos tecnológicos que entienden y los que no entienden. Usa las frases del cuadro.

no logro entender	cabe en la cabeza	capto la idea
más claro	se me escapa	

1. No soy capaz de entender los programas de diseño de páginas Web, hay algo que _____ .

2. Decidí tomar clases particulares sobre cómo usar Internet porque _____ cómo hacerlo.

3. No me _____ cómo se hacían copias antes de que existieran las fotocopiadoras.

4. Al principio no sabía cómo usar mi agenda electrónica, pero por fin _____ .

5. Antes de tomar el curso de computación no entendía el concepto de correo electrónico. ¡Ya caigo! Está _____ ahora.

6 Di si puedes o no hacer cada actividad. Usa las expresiones de **¡Exprésate!** y el modelo como guía.

MODELO (tocar un instrumento musical)
Tocar un instrumento musical me resulta fácil.

1. (estar informado)

_____

2. (alcanzar mis objetivos)

_____

3. (aprender un nuevo idioma)

_____

4. (acostumbrarse a un nuevo estilo de vida)

_____

5. (viajar al extranjero)

_____

(87)

¿A qué te dedicas?

Verbs with indirect object pronouns

• With some verbs, to indicate *to whom* or *for whom* an action occurs, you must use an **indirect object pronoun:**

¿**Te** gusta tu agenda electrónica?
A nosotros **nos** cuesta trabajo usarla.

• Some verbs often used with indirect pronouns are: **molestar, resultar, caber, poner, ser, costar.**

• The verb must be in the third person singular if the subject is an infinitive.

Diseñar páginas Web me **resulta** fácil.

---

7 Completa las siguientes oraciones con el pronombre de complemento indirecto que corresponda.

MODELO A ella (les / le) ___le___ puso muy triste saber que creíste los rumores.

1. A mí (me / te) _____ es difícil darte una segunda oportunidad, pero lo intentaré.

2. A algunas personas (les / nos) _____ toma mucho tiempo decidirse a hacer las paces.

3. Yo sé que a ti (te / le) _____ resulta difícil expresarte.

4. A mis amigos y a mí (me / nos) _____ molesta la falta de comunicación que hay entre nosotros.

5. A tu hermana (te / le) _____ cuesta mucho trabajo pedir perdón, pero tú sueles admitir tus errores.

8 Combina las frases para formar oraciones. Usa los pronombres de complemento indirecto que correspondan.

1. a ti / ser complicado / usar el teléfono celular

_____

2. a mis amigos y a mí / resultar fácil / usar la computadora

_____

3. a mi abuelo / costar trabajo / entender las nuevas tecnologías

_____

4. a mí / (no) importar / tener mucho trabajo

_____

GRAMÁTICA 1

> **Verbs that express "to become"**
>
> **hacerse** + adjective or noun: Describes a change where a personal
> **Álvaro se hizo médico.** effort is involved.
>
> **ponerse** + adjective: Describes a change in physical or
> **Mamá se puso feliz al verme.** mental state.
>
> **volverse** + adjective: Can describe a complete or permanent
> **Ana se volvió fanática del atletismo.** change.
>
> **convertirse en** + noun: Expresses *to change into*, *to turn into*.
> **La llovizna se convirtió en tormenta.**
>
> **quedarse** + adjective: For some idiomatic expressions and
> **Carlos se quedó calvo al cumplir los** with certain adjectives such as
> **cuarenta años.** **ciego(a)**, **sordo(a)**, and **calvo(a)**.
>
> **llegar a ser** + adjective or noun: Expresses *to become*, *to get to be* after a
> **Llegué a ser actriz.** series of events or after a long time.

9 Completa cada oración con uno de los verbos presentados en el cuadro anterior.

1. Después de una enfermedad, Helen Keller _____ sorda y ciega.

2. Sus padres _____ muy tristes cuando supieron lo que había pasado.

3. Más adelante, ella _____ en una persona muy famosa.

4. Helen trabajó mucho, y _____ la primera persona ciega y sorda en graduarse de la universidad.

5. Luego, Helen _____ oradora pública y viajó por todo el mundo.

10 Combina las frases y forma oraciones usando los verbos presentados en el cuadro de arriba.

1. ustedes / profesores / en la universidad del estado

_____

2. el profesor Gómez / insoportable / después de ganar el premio

_____

_____

3. el director de la universidad / calvo / el año pasado

_____

4. yo / triste / cuando él se jubiló

_____

GRAMÁTICA 1

Uses of *se*

a. with verbs that are used reflexively: **Se** bañó.
  Se peinó.

b. to indicate unintentional events: **Se** le rompió el vaso.
  Se me olvidó la tarea.

c. to replace **le** or **les** before the direct object pronouns: **lo, los, la, las:**   **Le** di el regalo a mamá.
  Se lo di.

d. in impersonal sentences: **Se** vende.
  Se habla español.

e. to express the passive voice: **Se** hicieron cambios en el horario.
  Se escuchaba mucho ruido en el pasillo.

f. with certain "process" verbs: **Se** volvió loco.
  Se hizo profesor.

---

11 Mira el cuadro de arriba y escoge el uso de **se** que corresponda a cada una de las siguientes oraciones. Sigue la primera oración como guía.

  __d__ **1.** Se necesita un auxiliar administrativo.

  _____ **2.** Se hizo médico.

  _____ **3.** Se le cayó la agenda electrónica y se le rompió.

  _____ **4.** Se construyó un hospital nuevo.

  _____ **5.** Se lavó las manos antes de examinar al paciente.

  _____ **6.** El hombre pidió una entrevista, pero no se la dieron.

12 Describe cada dibujo con una oración con **se.**

1. 2. 3.

1. _____

2. _____

3. _____

¿A qué te dedicas?

CAPÍTULO

8

VOCABULARIO 2

13 Lee las oraciones y decide si cada una es **cierta** (**C**) o **falsa** (**F**).

_____ 1. Ser voluntario es donar tiempo a una causa.

_____ 2. El jefe es la persona con el puesto más alto de una compañía.

_____ 3. Al supervisor no le debe interesar fomentar un ambiente de trabajo cordial y ameno entre sus empleados.

_____ 4. El seguro médico es un beneficio del trabajador.

_____ 5. El horario para un empleo a tiempo completo es de veinte horas a la semana.

14 Escoge la palabra que corresponda a cada una de las siguientes definiciones.

_____ 1. Son las personas que trabajan contigo en el mismo puesto.
   a. tus compañeros   **b.** tus jefes   **c.** tus asistentes

_____ 2. Son las características que se espera que cumplan las personas que solicitan un puesto.
   a. los beneficios   **b.** los horarios   **c.** los requisitos

_____ 3. Es la persona que administra una empresa y sus empleados.
   a. el empleado   **b.** el gerente   **c.** el entrevistado

_____ 4. Es indicar la forma de hacer algo.
   a. donar   **b.** conseguir   **c.** dirigir

_____ 5. Es pedir empleo.
   a. solicitar   **b.** actualizar   **c.** conseguir

15 Empareja las definiciones con las palabras del cuadro.

el horario   el salario   la solicitud   la empresa   el currículum vitae

_____ 1. El dinero que recibes por tu trabajo.

_____ 2. La historia de trabajo de una persona.

_____ 3. Compañía o asociación que emplea trabajadores para realizar un negocio.

_____ 4. Las horas en las que se debe trabajar.

_____ 5. Forma que se debe llenar por escrito cuando se solicita trabajo.

16 Completa la carta con las palabras del cuadro.

dirigido adjunto cordial ambiente estimado gerente medio requiere

Muy _____ Sr. Valenzuela:

Por _____ de la presente, quisiera solicitar el puesto de _____

de su empresa. Tengo mucha experiencia supervisando a los empleados de varias

compañías y he _____ muchos proyectos. Siempre me comunico bien

con los empleados y aseguro un buen _____ de trabajo para todos.

Le _____ mi currículum vitae en el que verá que tengo las capacidades

que el puesto _____ . Le agradecería la oportunidad de una entrevista

el día que le convenga. Reciba un _____ saludo,

José Luis López

17 Escoge la frase que corresponda a cada parte de una carta formal.

_____ **1.** A continuación *(immediately following)* de esta frase, se indica la razón
de la carta.
a. Por medio de la presente,
b. Muy estimada Sra.:
c. Muy atentamente,

_____ **2.** Una frase que se usa al final de la carta antes de la firma.
a. Le(s) adjunto...
b. Por medio de la presente,
c. Muy atentamente,

_____ **3.** Donde se indica que además de la carta, se envía algo más.
a. Muy atentamente,
b. Muy estimado Sr.:
c. Le(s) adjunto...

_____ **4.** El deseo con el que se termina la carta.
a. Le(s) adjunto...
b. Reciba un cordial saludo;
c. Por medio de la presente,

_____ **5.** A continuación se pone a quién se dirige la carta.
a. Muy estimada Srta.:
b. Le(s) adjunto...
c. Reciba un cordial saludo,

92

VOCABULARIO 2

18 Escribe una carta solicitando un puesto de trabajo a una empresa. Incluye todos los elementos de una carta formal y explica cómo crees que satisfaces los requisitos del puesto.

_____ :

_____

_____

_____

_____

_____

_____

_____ ,

_____

19 Contesta las siguientes preguntas.

1. Si tuvieras la oportunidad, ¿adónde irías?

_____

_____

2. ¿Conoces a alguien a quien le gustaría cambiar de carrera? Explica.

_____

_____

3. ¿Qué te interesaría cambiar de tu colegio? ¿Por qué?

_____

_____

4. ¿Qué te gustaría ser y hacer en el futuro?

_____

_____

5. ¿Conoces a alguien que siempre ha querido ser algo y finalmente lo logró?

_____

_____

¿A qué te dedicas?

Conditional

- The **conditional** is used to tell *what would happen* or *what someone would do* in a given set of circumstances: En tu lugar, **hablaría** con el profesor.

- Conditional endings are added to the infinitive: **-ía, -ías, -ía, -íamos, -íais, -ían.**

- The conditional is also used to express the probability that something happened in the past: Cuando salieron, **serían** las nueve.

- It is also used with the preterite of **decir** to express what someone said he or she *would do:* Dijeron que **vendrían** a visitarme.

---

20 Escribe oraciones usando el condicional y la información dada.

1. A Antonio le gusta cantar y lo hace muy bien.

   _____

2. A nosotros nos interesa ayudar a la gente.

   _____

3. Ustedes prefieren un ambiente de trabajo más relajado.

   _____

4. Me resulta fácil trabajar con la gente y tengo talento para los negocios.

   _____

5. Mi hermano vio un anuncio para un puesto en su empresa favorita.

   _____

21 Mira los dibujos y escribe lo que harías en el lugar de los entrevistados.

   MODELO Me miraría en el espejo para ver si mi camisa estaba arreglada.

1. _____

2. _____

3. _____

GRAMÁTICA 2

Past subjunctive with hypothetical statements

• The **past subjunctive** is formed by removing the **-on** from the third person plural form of the preterite and adding the following endings: **-a, -as, -a, -amos, -ais, -an.**

• An accent is added to the **nosotros** form of the verb:

pensáramos   pudiéramos   hiciéramos

• The past subjunctive is used after **si** in hypothetical sentences that are contrary to fact or unlikely to happen. In the other clause, the conditional is used.

Si hicieras la tarea, **aprobarías** el examen.

---

22 Completa las oraciones con la forma correcta del verbo según el contexto.

MODELO La supervisora te (ayudar) _____**ayudaría**_____ si se lo pidieras.

1. Si yo (estudiar) _____ más, no suspendería tantos cursos.

2. Si nosotros mandáramos más solicitudes, (conseguir) _____ más entrevistas.

3. El jefe le daría más responsabilidades a Lisa si ella (tener) _____ un puesto a tiempo completo.

4. El gerente te daría más beneficios si tú se los (pedir) _____ .

5. Si tú trabajaras más horas, (ganar) _____ más dinero.

23 Cambia cada oración al pasado para formar oraciones hipotéticas.

MODELO Si actualizo mi currículum vitae, voy a conseguir más entrevistas.
   Si actualizara mi currículum vitae, conseguiría más entrevistas.

1. Si eres más seguro de ti mismo, el jefe te va a dar más trabajo.

   _____

2. Voy a seguir trabajando aquí si cambia el ambiente de trabajo.

   _____

3. Si haces un buen trabajo, el gerente te va a dar el puesto de supervisor.

   _____

4. Si los empleados tienen una actitud negativa, el jefe se va a quejar.

   _____

5. Nosotros vamos a estar felices si el jefe nos da más beneficios.

   _____

GRAMÁTICA 2

Past subjunctive

If the main clause of a sentence requiring the subjunctive is in the past tense, the **past subjunctive** is used in the subordinate clause.

main clause: **past tense**	subordinate clause: **past subjunctive**
Yo le **pedí**	que se **quedara** conmigo.
Tú **sugeriste**	que **fuéramos** a la fiesta.

---

24 Completa cada oración con la frase que corresponda según el contexto.

_____ 1. Ella me pidió...

_____ 2. Nosotros lo ayudamos...

_____ 3. Su consejero le dijo...

_____ 4. El gerente de la empresa me llamó...

_____ 5. Pedro llamó a Ana...

> **a.** que actualizara su currículum vitae.
> **b.** para que fuera a su fiesta.
> **c.** que la llevara a su casa.
> **d.** para que aprobara su curso.
> **e.** para que fuera a una entrevista.

25 Combina las frases y forma oraciones en el pasado.

MODELO nosotros / recomendar / Lola / buscar otro puesto
Nosotros recomendamos que Lola buscara otro puesto.

1. Alicia / pedir / ellos / dar un empleo

   _____

2. tus padres / hacer sacrificios / para que tú / tener éxito

   _____

3. los empleados / esperar / el jefe / ser justo

   _____

4. el gerente / dudar / el joven / poder ser supervisor

   _____

5. yo no / querer / asistir a la reunión / sin que tú / invitarme

   _____

6. la empresa / requerir / los nuevos empleados / saber dos idiomas

   _____

   _____

Huellas del pasado

VOCABULARIO 1

1 Escoge la palabra que corresponda a cada una de las siguientes definiciones.

_____ **1.** Son historias de fantasía con personajes y lugares encantados.

    a. los palacios   **b.** los cuentos de hadas   **c.** los reyes

_____ **2.** Es un personaje con poderes mágicos.

    a. el hechicero   **b.** el rey   **c.** el hecho

_____ **3.** Es el personaje que aparenta *(pretends)* ser leal pero no lo es. Hace daño a las personas para beneficiarse.

    a. el rey   **b.** el traidor   **c.** el sabio

_____ **4.** Son características fantásticas de algunos personajes que los ayudan en sus aventuras.

    a. los poderes   **b.** los castigos   **c.** las traiciones

_____ **5.** Imponer un trabajo a alguien porque no se ha portado bien.

    a. desaparecer   **b.** traicionar   **c.** castigar

2 Ordena las letras de las siguientes palabras basándote en las pistas.

Pista	Letras	Palabra
1. Es el espíritu de una persona que ha muerto.	afmasatn	
2. Es una historia de hace mucho tiempo que se cree que tiene algo de verdad.	nayeled	
3. Es una construcción muy grande donde viven los reyes.	coalapi	
4. Es la hija del rey y la reina.	enarispc	
5. Es una persona que tiene muchos conocimientos	oabis	

3 Lee las siguientes oraciones y decide si cada una es **cierta** (**C**) o **falsa** (**F**).

_____ **1.** Los mitos son historias basadas completamente en hechos reales.

_____ **2.** En un cuento de hadas muy a menudo los personajes se enamoran.

_____ **3.** Los templos de civilizaciones pasadas fueron construidos para dedicarlos a los traidores de sus leyendas.

_____ **4.** La creación es uno de los fenómenos que muchas leyendas y mitos tratan de explicar.

_____ **5.** El rey y la reina suelen vivir en un palacio.

VOCABULARIO 1

4 Completa el siguiente cuento con las palabras del cuadro.

palacio encantado	según nos dicen	príncipe	érase una vez
lugar misterioso	se enamoraron	poderes mágicos	princesas
reina sabio	malvado	aunque rey	traidor

(1) _____ , en un lugar muy lejano, un reino muy grande y rico.

En él había un (2) _____ muy bueno, padre de tres hermosas

hijas, las (3) _____ . Se cuenta que de pronto un

(4) _____ secuestró *(kidnapped)* a su hija menor, y

(5) _____ , el malvado la tenía encerrada en un

(6) _____ lleno de fantasmas espantosos. El rey y la reina se

pusieron muy tristes porque nadie podía salvar a su hija, hasta que un

(7) _____ se ofreció a ayudarlos. Él les dijo: "Hace muchos años,

un sabio me dijo que yo salvaría a una princesa del (8) _____

que se la había llevado". El príncipe viajó hasta el (9) _____

donde estaba el palacio y luchó contra los fantasmas. (10) _____

el malvado era un hechicero, los (11) _____ que el

(12) _____ le había dado al príncipe lo ayudaron a rescatar a la

princesa. Ellos (13) _____ , se casaron y él se la llevó a vivir a su

palacio donde se convirtieron en rey y (14) _____ .

5 Ordena las siguientes oraciones de este cuento.

_____ **a.** Un malvado la había capturado y la había puesto en una torre rodeada
de dragones.

_____ **b.** Al final, nos dimos cuenta de que él era un príncipe.

_____ **c.** Ahora bien, el malvado no había contado con un joven desconocido
que pasó por ahí.

_____ **d.** Hace muchos, muchos años vivía una princesa prisionera.

_____ **e.** Tan pronto como llegó, derrotó a los dragones y salvó a la princesa.

_____ **f.** A causa de esto, nadie podía rescatarla.

_____ **f.** Y a partir de entonces, vivieron siempre felices.

VOCABULARIO 1

6 Haz que estas oraciones fluyan *(flow)* mejor, utilizando las expresiones de
¡Exprésate! para comenzar, continuar y terminar una narración. Sigue la primera
oración como guía.

1. El príncipe dio una caminata por el bosque. Desapareció misteriosamente.
   Tan pronto como el príncipe dio una caminata por el bosque,

   desapareció misteriosamente.

2. El rey oyó la mala noticia. Se puso muy triste.

   _____

   _____

3. El rey no sabía qué hacer. Llegó un sabio que le dijo que un malvado se había
   llevado al príncipe.

   _____

   _____

4. Los soldados capturaron al malvado y rescataron al príncipe. El malvado
   terminó en la cárcel.

   _____

   _____

7 Escribe un párrafo basándote en los dibujos.

_____

_____

_____

_____

_____

_____

_____

Huellas del pasado

Preterite and imperfect in storytelling

When you want to tell a story, use:

• the **imperfect** to describe the background or setting of the story.

• the **preterite** to describe completed actions or interrupting events in the story.

   Nosotros **buscábamos** la llave cuando **entró** el rey.

The **past progressive** is often used in the same context as the imperfect.

   Yo **estaba leyendo** el cuento cuando papá **llegó**.

---

8 Completa la siguiente historia con el pretérito o el imperfecto según el contexto.

El palacio del malvado (**1**) _____ (era / fue) muy misterioso.

(**2**) _____ (Estuvo / Estaba) lleno de fantasmas. El príncipe

(**3**) _____ (quiso / quería) salvar a la princesa; por eso

(**4**) _____ (corría / corrió) por los pasillos y (**5**) _____ (luchó / luchaba) contra los fantasmas. (**6**) _____ (Llegaba / Llegó) hasta donde estaba la torre. (**7**) _____ (Fue / Era) muy alta, pero él

(**8**) _____ (subía / subió) la larga escalera y (**9**) _____ (rompió / rompía) la puerta para que la princesa pudiera salir. Ella (**10**) _____ (estaba / estuvo) dormida cuando entró, y el príncipe no (**11**) _____ (podía / pudo) despertarla porque ella (**12**) _____ (estuvo / estaba) hechizada. Finalmente, él la (**13**) _____ (besaba / besó) y la princesa se

(**14**) _____ (despertó / despertaba). Se (**15**) _____ (casaban / casaron) y vivieron felices para siempre.

9 Escribe oraciones usando el pretérito y el imperfecto y la información dada.

MODELO llover / irse la luz **Llovía cuando se fue la luz.**

   1. nosotros estar estudiando / llegar mis padres

   _____

   2. ser las nueve de la noche / Andrés venir a visitarme

   _____

   3. tú estar leyendo el periódico / alguien llamar a la puerta

   _____

   4. nosotros dormir / comenzar la tormenta

   _____

(**100**)

GRAMÁTICA 1

> **Preterite and imperfect contrasted**
> **Uses of the preterite:**
> - Describes completed past actions:
>   El malvado **traicionó** al rey.
> - Gives special meanings to some verbs:
>   Por fin el rey **supo** lo que pasó.
>
> **Uses of the imperfect:**
> - Describes habitual, ongoing past actions:
>   La princesa **leía** todos los días.
> - Describes mental or physical states in the past:
>   Ella **era** solitaria.
> - Indicates time in the past:
>   **Era** la media noche.
> - Indicates age in the past:
>   **Tenía** quince años.

10 Completa las oraciones con el pretérito o el imperfecto de los verbos dados.

1. La hechicera (ser) _____ muy sabia y (tener) _____ poderes mágicos.

2. Yo no (saber) _____ esta leyenda hasta que mi amigo me la (contar) _____ .

3. Yo (tener) _____ ocho años cuando (escuchar) _____ la leyenda por primera vez.

4. Recuerdo que (ser) _____ de madrugada y (haber) _____ una gran tormenta que me asustó mucho.

11 Contesta las siguientes preguntas utilizando la información en paréntesis. Usa el pretérito y el imperfecto según corresponda.

MODELO ¿Cuándo comenzó la tormenta? (las dos de la tarde)
Eran las dos de la tarde cuando comenzó la tormenta.

1. ¿Qué pasó mientras yo estaba en el baño? (terminarse la película)

   _____

2. ¿Estabas bien ayer? Te vi un poco triste. (discutir con mis padres)

   _____

3. ¿Cómo era la persona que llamó a la puerta? (mujer joven y bonita)

   _____

4. ¿Dónde estabas cuando te llamé? (estar en el jardín)

   _____

5. ¿Qué hiciste cuando estabas en la costa? (hacer windsurfing)

   _____

Cuaderno de vocabulario y gramática

GRAMÁTICA 1

Por and para

POR

- "through" or "by":
  Caminó **por** el castillo.

- by, by means of:
  Viajamos **por** avión.

- a period of time:
  Esperamos **por** veinte minutos.

- in exchange for:
  Cambié mi vestido **por** otro.

- "per":
  Gano cien dólares **por** semana.

- the agent of an action, "by":
  La canción fue escrita **por** ella.

PARA

- purpose or intention:
  Voy a ir **para** visitarte.

- a recipient:
  Estas flores son **para** ti.

- a destination:
  Vamos **para** Santiago.

- employment:
  Carlos trabaja **para** mí.

- a deadline:
  Lo necesitamos **para** el viernes.

- an opinion:
  Para nosotros, el cuento es muy triste.

---

12 Combina las frases y forma oraciones lógicas usando **por** y **para.**

_____ **1.** Estuvimos de visita por...

_____ **2.** Tengo que tener lista mi tarea para...

_____ **3.** Antes se viajaba a Europa por...

_____ **4.** Ese vuelo es para...

> **a.** mañana.
> **b.** Argentina.
> **c.** un par de horas.
> **d.** barco.

13 Completa las oraciones con **por** o **para.**

1. Esta canción es _____ ti; está escrita _____ mí.

2. _____ mí, viajar _____ tren es más interesante.

3. Trabajo _____ el señor Pérez y gano poco _____ semana.

4. Cuando voy _____ mi casa, siempre paso _____ el parque.

Idiomatic expressions with **por** and **para: por ahora, por cierto, por consiguiente, por favor, por fin, por lo tanto, por supuesto, por todas partes, para nada, para siempre.**

---

14 Completa las oraciones usando una expresión con **por** o **para.**

1. ¡No me gusta este cuento _____ !

2. Esperamos y esperamos, y _____ llegó el abuelo.

3. Luego haremos la tarea, pero _____ vamos a jugar.

Huellas del pasado

15 Ordena las letras de las siguientes palabras basándote en las pistas.

Pista	Letras	Palabra
1. Lo contrario a la victoria es la ___ .	aretrdo	
2. Quien logra victorias en beneficio de su país es un(a) ___ .	ohrée /ohaíren	/
3. Tener ___ es no depender para nada de nadie.	rabitled	
4. El enfrentamiento físico de dos grupos contrarios se da en el campo de ___.	ltalaba	
5. La persona que sin ser elegida, dirige el gobierno de un país donde nadie tiene libertad es un ___ .	idotracd	

16 Lee las siguientes oraciones y decide si cada una es **cierta (C)** o **falsa (F)**.

_____ **1.** Un cobarde es una persona que lucha por la libertad de su país.

_____ **2.** Los que ganan la batalla se regocijan.

_____ **3.** En las guerras no hay víctimas.

_____ **4.** Los exploradores que vinieron a América establecieron un imperio.

_____ **5.** En una guerra, todos quieren vencer.

17 Escoge la palabra que corresponda a cada una de las siguientes definiciones.

_____ **1.** Decidir terminar la guerra.
   a. regocijarse　　　**b.** declarar la guerra　　　**c.** acordar la paz

_____ **2.** Obtener la victoria sobre un enemigo es ___.
   a. sufrirlo　　　**b.** vencerlo　　　**c.** traicionarlo

_____ **3.** El lugar donde se enfrentan las tropas enemigas para luchar.
   a. el campo de batalla　**b.** la bandera　　　**c.** el imperio

_____ **4.** El enfrentamiento de la población contra el poder.
   a. la independencia　**b.** la revolución　　**c.** la guerra

_____ **5.** Una persona femenina que lleva uniforme y toma armas para luchar por su país es una ___.
   a. cobarde　　　**b.** mujer soldado　　**c.** mujer de negocios

Cuaderno de vocabulario y gramática

18 Completa cada oración con la frase que corresponda según el contexto.

_____ 1. El sueño de mi vida es conmemorar a...

_____ 2. Los sudamericanos tenían muchas esperanzas de...

_____ 3. Es de esperar que en las guerras...

_____ 4. Teníamos muchos deseos de...

_____ 5. Ojalá que la guerra no sea...

a. sacar del poder al dictador y lograr la justicia.
b. haya pocas víctimas.
c. muy larga y sangrienta.
d. los héroes que lograron la independencia de mi país.
e. liberarse del control de los españoles.

19 Completa las siguientes oraciones.

MODELO El sueño de la vida de José de San Martín **era lograr la independencia de Argentina.**

1. Los revolucionarios tenían muchas esperanzas de _____

2. Era de esperar que _____

3. Nuestro sueño es _____

4. Ojalá que nuestro país _____

5. Es mi deseo que _____

20 Responde a cada comentario usando expresiones de **¡Exprésate!**

MODELO Catalina tiene un examen mañana.
Ojalá que su examen no sea muy difícil.

1. Los Ruiz quieren que sus hijos conozcan el mar.

_____

2. Eduardo está muy feliz porque empezó a estudiar leyes.

_____

3. Estoy muy feliz porque mis amigos Enrique y Ana se comprometieron.

_____

4. Mi salario no me alcanza para vivir.

_____

(104)

VOCABULARIO 2

21 Completa las oraciones con la palabra o frase que corresponda según el contexto.

_____ 1. El dictador no se arrepintió de...
   a. haber tomado el poder.   **b.** acordar la paz.   **c.** sus sacrificios.

_____ 2. Nosotros les agradecimos a nuestros papás que...
   a. se fueran de viaje.   **b.** se sacrificaran por nosotros.   **c.** no vinieran.

_____ 3. Es lamentable que...
   a. haya paz.   **b.** se logre la independencia.   **c.** haya víctimas.

_____ 4. Debido a sus estudios de kárate, llegó a ser una persona…
   a. lamentable   **b.** valiente   **c.** vencida

_____ 5. Luis lamenta que Carlos se haya vuelto...
   a. un buen amigo.   **b.** un buen soldado.   **c.** un cobarde.

22 Reacciona a las siguientes situaciones usando expresiones de **¡Exprésate!** para agradecer o lamentarse o para expresar esperanza.

MODELO Érica no tomó apuntes en clase.
   Ella se arrepiente de no haber tomado apuntes en clase.

1. Andrea y Regina ya no son amigas.

_____

2. Carlos me ayudó a estudiar..

_____

3. Nuestros comentarios te ofendieron.

_____

4. Hace mucho tiempo que quieres ver un grupo que está haciendo un tour nacional.

_____

5. Querías ir al campeonato del estado pero tu equipo no calificó.

_____

_____

Huellas del pasado

Uses of the subjunctive mood
- Expressions of hope, wish, or recommendation:

    Ojalá que no **haya** guerra.
- Expressions of feelings, emotions, or judgments:

    Es triste que **sufra** la gente.
- With the unknown or nonexistent:

    Busco a alguien que **sea** confiable.
- Expressions of doubt or denial:

    Dudo que **tengamos** suerte.
- With certain adverbial conjunctions when they indicate future events: **a menos (de) que, antes de que, con tal (de) que, en caso de que, para que, en cuanto, cuando, después de que,** and **tan pronto como:**

    Mobilizarán las tropas **en caso de que haya** una invasión.

---

23 Completa las oraciones con la forma del verbo en subjuntivo.

1. Me alegra que nosotros (tener) _____ vacaciones.

2. No conozco a nadie a quien le (gustar) _____ escalar.

3. No creo que (ir) _____ a llover hoy.

4. Ojalá que nosotros (aprobar) _____ el curso.

5. En cuanto nos (graduar) _____ , trabajaremos como abogados.

24 Completa el párrafo con la forma del verbo que corresponda según el contexto.

Necesitamos un soldado valiente para que (**1**) _____ (ser) el líder de

nuestras tropas. Tenemos que (**2**) _____ (vencer) al enemigo y

debemos encontrar a este soldado antes de que (**3**) _____ (empezar)

la batalla. Nosotros (**4**) _____ (querer) la libertad y sólo la tendremos

cuando el malvado (**5**) _____ (salir) del poder. Estamos seguros de

que con un líder fuerte, (**6**) _____ (poder) lograr nuestros objetivos.

Ojalá que esta guerra no (**7**) _____ (durar) mucho tiempo y que pronto

(**8**) _____ (poder) regocijarnos, después de que nos (**9**) _____

(haber) liberado.

(106)

Sequence of tenses

The tense of the verb in the main clause of a compound sentence determines the tense of the verb in the subordinate clause. This agreement between both verbs is known as the **sequence of tenses.**

If the verb in the main clause does not require the use of the subjunctive, use the indicative in the subordinate clause.

	MAIN CLAUSE		SUBORDINATE CLAUSE	
(present)	**Dice**		**va** a estudiar.	(future)
(present perfect)	**Ha dicho**		**estudiará** más tarde.	(future)
(future)	**Dirá**	**que**	**estudió** mucho.	(preterite)
(command)	**Dile**		ya **has estudiado.**	(present perfect)

If the verb in the main clause requires the use of the subjunctive, the **present subjunctive** is used in the subordinate clause after each of the verb forms above, for example:

	MAIN CLAUSE		SUBORDINATE CLAUSE	
(present)	**Quiere**		**estudiemos.**	(present subjunctive)
(command)	**Dile**	**que**	**estudie.**	(present subjunctive)
(future)	**Pedirá**		**lo acompañemos.**	(present subjunctive)

---

25 Completa las oraciones con la forma del verbo que corresponda.

1. Alma me sugiere que me (mantengo / mantenga) _____ informado.

2. (Estuve / Estoy) _____ seguro de que ella lee el periódico.

3. Lamenta que no (estemos / estamos) _____ de acuerdo con él.

4. Aconséjale que (hizo / haga) _____ un esfuerzo para informarse.

5. Mamá dice que ella (vio / veía) _____ las noticias todos los días de joven.

26 Completa las siguientes oraciones.

1. He escuchado que...

_____

2. Mis amigos dicen que...

_____

3. Mis papás verán que...

_____

4. Espero que...

_____

(107)

GRAMÁTICA 2

More on sequence of tenses

If the verb in the main clause does not require the use of the subjunctive, use the indicative in the subordinate clause.

	MAIN CLAUSE		SUBORDINATE CLAUSE	
(preterite)	**Dijo**		**estudió** ayer.	(preterite)
(imperfect)	**Decía**	que	**estudiaba** siempre.	(imperfect)
(past perfect)	**Había dicho**		**estudiaría,** pero no lo hizo.	(conditional)
(conditional)	**Diría**		ya **había estudiado.**	(past perfect)

If the verb in the main clause requires the use of the subjunctive, the **past subjunctive** is used in the subordinate clause after each of the verb forms above.

	MAIN CLAUSE		SUBORDINATE CLAUSE	
(preterite)	**Me dijo**		lo **acompañara** a su casa.	(past subjunctive)
(imperfect)	**Quería**	que	lo **visitáramos** en su casa.	(past subjunctive)
(past perfect)	**Había pedido**		lo **acompañáramos** a casa.	(past subjunctive)

---

27 Completa las oraciones con la forma del verbo que corresponda.

1. Me aconsejó que (voy / fuera) _____ a ver al doctor.

2. Mi jefe dijo que (tendría / tenga) _____ que llegar al trabajo tarde.

3. (Escucharemos / Escuchamos) _____ que habían despedido a mucha gente.

4. Decían que un empleado ya (lograría / había logrado) _____ la confianza del jefe.

5. Mi padre (insiste / insistió) _____ en que me quedara en casa.

28 Combina las frases para formar oraciones.

MODELO el profesor quería que nosotros / tomar más apuntes
  El profesor quería que nosotros tomáramos más apuntes.

1. mi tía me contó que / ir a Europa cuando era joven

_____

2. los niños dijeron que ya / terminar de comer

_____

3. ella diría que el día anterior yo / ofenderla

_____

4. el locutor dijo que ayer / haber un problema con la electricidad

_____

El mundo en que vivimos

CAPÍTULO

10

VOCABULARIO 1

1 Ordena las letras de las siguientes palabras basándote en las pistas.

Pista	Letras	Palabra
1. Se dan cuando las personas se reúnen en un lugar público para protestar por una injusticia.	nasafotecenisim	
2. Se da cuando las personas se solidarizan y ponen su dinero y/o esfuerzo en una causa común.	oricopónace	
3. Algo que causa mucho miedo es ____ .	rotarader	
4. Es la primera vez que algo se presenta al público.	neretos	
5. Cuando las personas no tienen interés en algo muestran ____ .	ridefnianice	

2 Lee las oraciones y decide si cada una es **cierta (C)** o **falsa (F)**.

_____ 1. Una bomba es un desastre natural.

_____ 2. Cuando estrenan una película, los actores asisten al acontecimiento.

_____ 3. El descubrimiento de ruinas causa pánico entre la población.

_____ 4. Los arqueólogos se dedican a descubrir nuevas medicinas.

_____ 5. Los exploradores siguen buscando naves hundidas en el mar.

3 Escoge la palabra que corresponda a cada definición.

_____ 1. Cuando estalla, causa mucha destrucción.
    a. el pánico   **b.** la erupción   **c.** la bomba

_____ 2. Proceso mediante el que la población escoge a sus gobernantes de entre distintos candidatos.
    a. la cooperación   **b.** las elecciones   **c.** la solidaridad

_____ 3. Un acontecimiento geológico en que un volcán arroja lava y fuego.
    a. la compasión   **b.** la destrucción   **c.** la erupción

_____ 4. Personas que escapan de su país por razones políticas y piden asilo en otro.
    a. los refugiados   **b.** los manifestantes   **c.** los inmigrantes

_____ 5. Estaba llorando porque el reportaje sobre el desastre fue tan __.
    a. conmovedor   **b.** informativo   **c.** destructivo

4 Completa la conversación entre Andrea y Jorge con las frases del cuadro.

estreno de una película	lo recuerdo como	espantoso	para nada
campeonato de fútbol	acuerdas de cuando	hacías cuando	

Andrea ¿Te (**1**) _____ el volcán entró en erupción?

Jorge No, no me acuerdo (**2**) _____ .

Andrea ¡Claro que te acuerdas! Fue hace dos años, el día del último partido del

(**3**) _____ .

Jorge ¡Ah, a ése te refieres! ¡Claro! (**4**) _____ si fuera

ayer. Yo estaba en el estadio viendo el partido, y la erupción causó

pánico entre los espectadores. Y tú, ¿qué (**5**) _____ sucedió?

Andrea Yo estaba en el (**6**) _____ muy famosa, cuando

escuchamos un ruido (**7**) _____ y salimos corriendo.

5 Basándote en los dibujos, escribe lo que hacían las personas cuando empezó la
tormenta.

Pedro

MODELO Pedro estaba en el parque jugando
al béisbol cuando empezó
la tormenta.

1. mi familia y yo

2. Lisa

3. los estudiantes

1. _____

2. _____

3. _____

VOCABULARIO 1

6 Completa cada oración con la frase que corresponda según el contexto.

_____ **1.** A pesar de que hubo accidentes este año...

_____ **2.** Me parece que la población...

_____ **3.** Creo que vale la pena acordarse de...

_____ **4.** Estoy de acuerdo con la democracia...

_____ **5.** Hace diez años, las noticias no llegaban tan rápido a la gente, pero ten en cuenta que...

_____ **6.** Lo que noto es que nuestro país ha mostrado mucha compasión al...

a. antes no existían medios masivos de comunicación.

b. ayudar a los refugiados de las dictaduras.

c. debe hacer manifestaciones contra las injusticias.

d. por otro lado, la población se solidarizó para ayudar a las víctimas.

e. los desastres del pasado para no repetirlos.

f. aunque, a veces, las elecciones no son tan honestas como deben ser.

7 Contesta las siguientes preguntas según tu punto de vista personal. Usa las expresiones de ¡**Exprésate!**

1. ¿Qué piensas acerca de los descubrimientos arqueológicos?

_____

_____

2. ¿Está bien que se hagan manifestaciones contra las injusticias?

_____

_____

3. ¿Qué piensas acerca de las noticias en línea?

_____

_____

4. ¿Es importante acordarse de los desastres del pasado?

_____

_____

5. ¿Qué opinas de las últimas elecciones?

_____

_____

El mundo en que vivimos

Present and past progressive

- **Present progressive:** actions occurring right now
  Present tense of **estar/andar/seguir** + **present participle**

  Nosotras **estamos leyendo** el periódico.

- **Past progressive:** actions that were in progress in the past
  Imperfect tense of **estar/andar/seguir** + **present participle**

  Nosotras **estábamos leyendo** el periódico.

- The **past progressive** is often used to describe what was happening in the past when an interrupting event occurred.

  Nosotras **estábamos leyendo** el periódico **cuando entró mi papá.**

---

8 Completa la historia con el presente progresivo o el pasado progresivo.

Ahora yo (**1**) _____ (leer) sobre la erupción de un volcán en mi país. Los primeros en darse cuenta fueron unas personas que (**2**) _____ (hacer) senderismo cerca de ahí. Ellos les avisaron a los periodistas de lo que (**3**) _____ (pasar). Las personas que (**4**) _____ (ver) la televisión se enteraron cuando el locutor dio la noticia. Mi papá cuenta que él (**5**) _____ (cenar) cuando su mamá gritó: "¡El volcán (**6**) _____ (hacer) erupción!" Él me cuenta que fue espantoso; las personas (**7**) _____ (correr y gritar). No me gusta leer sobre cosas aterradoras, pero (**8**) _____ (tratar) de mantenerme informado.

9 Contesta las siguientes preguntas con la información en paréntesis.

MODELO ¿Qué hacía Miguel cuando lo visitaste? (estudiar)
Miguel estaba estudiando cuando lo visité.

1. ¿Qué está haciendo Lourdes? (ver las noticias)

   _____

2. ¿Qué estaban haciendo ustedes cuando ocurrió el desastre? (escalar)

   _____

3. ¿Qué anda diciendo Luisa sobre la noticia? (ser una mentira)

   _____

GRAMÁTICA 1

> **Haber**
> • In the third-person singular, **haber** indicates existence or non-existence of something.
>   **Hay** muchas manifestaciones públicas en este país.
> • **Present perfect indicative/subjunctive:** present indicative/subjunctive of **haber** + past participle
>   Yo **he viajado** mucho.   Dudo que **hayas viajado** mucho.
> • **Past perfect indicative/subjunctive:** past indicative/subjunctive of **haber** + past participle
>   **Habíamos leído** la noticia.   No creí que **hubieras leído** la noticia.
> • **Future/conditional perfect:** future/conditional of **haber** + past participle
>   **Habré viajado** mucho cuando llegue a tu edad.
>   **Habría viajado** este año, pero me enfermé.

10 Combina las frases para formar oraciones lógicas.

_____ **1.** Yo habría ido a la fiesta con ellos, pero...

_____ **2.** Dalia ha participado en...

_____ **3.** Ya habíamos leído el libro cuando...

_____ **4.** Víctor no puede creer...

_____ **5.** Para el próximo mes...

_____ **6.** Ojalá...

a. vimos la película en que lo adaptaron.

b. habrás terminado tus exámenes.

c. hubiéramos estudiado más.

d. me sentía muy mal.

e. dos manifestaciones en contra de la discriminación.

f. que ustedes lo hayan dejado plantado.

11 Completa las oraciones con la forma correcta de **haber**.

1. Muchos eventos importantes _____ ocurrido durante mi vida.

2. Creo que para el próximo siglo, los científicos _____ hecho aún más adelantos tecnológicos.

3. Si hubiera sabido lo que iba a pasar en el mundo de la tecnología,

_____ tomado más clases de computación en la universidad.

4. Mi abuela no _____ usado el correo electrónico hasta que le enseñé cómo usarlo.

5. Ella no creía que yo _____ aprendido tanto sobre la tecnología en tan poco tiempo.

6. Ahora ella dice que está sorprendida que yo no _____ buscado trabajo en una empresa tecnológica.

(113)

Expressions of time
- To tell the duration of an action: **hace + amount of time + que**

   Hace dos años que conozco a Jaime.
- To tell how long ago something happened: **hace + amount of time + (que) +** verb in the **past tense**

   Hace diez años, trepaba a los árboles.
- To express *(ever) since:* **desde que + past tense**

   Desde que llegó la democracia, hay más libertad de prensa.
- To explain how many times something has occurred you can use **ordinal** numbers:

   Es la **primera** vez que participo en una manifestación.

---

12 Completa las oraciones con **hace** o **desde que.**

   MODELO ____Hace____ tres meses que tenemos un carro eléctrico.

   1. _____ aprendí sobre la contaminación de la ciudad, he querido comprar este carro.

   2. _____ veinte años, no había tanta contaminación en nuestra ciudad.

   3. Me interesa el medio ambiente, y _____ una semana, empecé una clase de ecología.

   4. _____ hicieron leyes sobre la contaminación, la calidad del aire ha mejorado.

   5. Acabo de aprender sobre los recursos renovables, pero _____ muchos años que reciclo.

13 Contesta las siguientes preguntas usando expresiones de tiempo.

   1. ¿Cuánto tiempo hace que conoces a tu mejor amigo?

   _____

   2. ¿Cuántas veces has hecho la escalada deportiva?

   _____

   3. ¿Hace cuánto tiempo ibas a la primaria?

   _____

   4. ¿Hace cuánto tiempo que estudias español?

   _____

   5. ¿Desde cuándo has vivido en tu casa actual *(present)*?

   _____

El mundo en que vivimos

14 Ordena las letras de las siguientes palabras basándote en las pistas.

Pista	Letras	Palabra
1. la adicción a las drogas	congóraciddi	
2. no tener qué comer	mehrab	
3. volver a usar un objeto que ya ha sido usado	ceracril	
4. un recurso que por combustión produce energía	sobibumclet	
5. el lugar donde se tiran todos los desperdicios	uoberasr	

15 Escoge la palabra que corresponda a cada definición.

_____ 1. Los recursos del medio ambiente son:
   a. naturales.   **b.** artificiales.   **c.** contaminados.

_____ 2. Es una fuente de energía que se espera desarrollar.
   a. la energía nuclear   **b.** los combustibles   **c.** los pesticidas

_____ 3. Son productos que se siembran sin utilizar pesticidas.
   a. híbridos   **b.** de cultivo biológico   **c.** innovadores

_____ 4. Para mejorar la calidad del aire hay que evitar la:
   a. enfermedad.   **b.** drogadicción.   **c.** contaminación.

_____ 5. Una forma de darles a las generaciones futuras un mundo mejor es:
   a. conservar.   **b.** contaminar.   **c.** desperdiciar.

16 Lee las oraciones y decide si cada una es **cierta** (C) o **falsa** (F).

_____ 1. El crimen, el desempleo y el hambre son problemas que necesitan solución.

_____ 2. No existen recursos renovables.

_____ 3. La energía solar es una fuente de energía alternativa.

_____ 4. El resultado del uso de pesticidas es la contaminación del agua.

_____ 5. El carro eléctrico no es una solución innovadora a la contaminación del aire.

VOCABULARIO 2

17 Completa las oraciones con una palabra o frase apropiada.

    1. Calculo que los ingenieros van a _____ robots para explorar el espacio.

    2. Es posible que _____ las enfermedades si no controlamos la contaminación.

    3. Me parece que nosotros _____ el agua porque es muy barata.

    4. Necesitamos promover más _____ entre los diversos grupos étnicos.

    5. Se advierte que los _____ de seguridad social van a costar mucho.

18 Completa cada oración con la frase que corresponda según el contexto.

    _____ **1.** A que no logra solucionar el gobierno...

    _____ **2.** Te apuesto que disminuirá...

    _____ **3.** Calculo que las autoridades van a establecer...

    _____ **4.** Ya verás que muy pronto todos los carros...

    _____ **5.** Es muy posible que los científicos...

    _____ **6.** Se advierte que no utilicemos...

> **a.** leyes más estrictas contra la contaminación.
> **b.** serán eléctricos.
> **c.** pesticidas al sembrar.
> **d.** descubran pronto nuevas fuentes de energía.
> **e.** la contaminación si todos reciclamos.
> **f.** el problema de la drogadicción en nuestro país.

19 Haz tus propias predicciones y advertencias para la próxima década sobre cada uno de los temas dados.

    MODELO la contaminación

        Te apuesto que habrá menos contaminación.

    1. los adelantos tecnológicos

    _____

    2. la discriminación

    _____

    3. el hambre

    _____

    4. los medios de transporte

    _____

    5. los medios de comunicación

    _____

VOCABULARIO 2

20 Completa la conversación entre el padre y su hijo con las frases del cuadro.

supongo que con la creación de empleos   **es de suponer que**
me imagino que para el próximo año   **supongo que sí**
a lo mejor habrá más oportunidades

Hijo   Papá, ¿tú crees que los problemas económicos de nuestro país van a desaparecer en los próximos años?

Padre   Claro, (**1**) _____ el país pronto superará esta crisis.

Hijo   ¿Y cómo piensas que se puede lograr esto?

Padre   (**2**) _____ se solucionará el problema del desempleo, y junto con la inversión en las compañías nacionales, nuestra economía mejorará.

Hijo   ¿Cuándo crees que mejorará la situación?

Padre   (**3**) _____ la moneda aumentará de valor y que (**4**) _____ de comercio con otros países. ¿No crees?

Hijo   Bueno, (**5**) _____ . Eso espero.

21 Contesta las siguientes preguntas según tus opiniones personales.

MODELO ¿Cómo crees que le va a ir a tu hermana en sus exámenes?
       Es de suponer que aprobará todos sus exámenes.

    1. ¿Qué crees que va a suceder para el año 3000?

    _____

    2. ¿Crees que habrá suficientes empleos el próximo año?

    _____

    3. ¿Disminuirá la contaminación?

    _____

    4. ¿Habrá algún desastre natural el próximo año?

    _____

    5. ¿Crees que las personas seguirán reciclando?

    _____

El mundo en que vivimos

Future tense

• **Ir a + infinitive** expresses future actions.

  Voy a usar la energía solar en mi próxima casa.

• The **future** tense is used to talk about future events. The following endings are added to the infinitive form of the verb: **-é, -ás, -á, -emos, -éis, -án.**

  La contaminación **será** un problema en el futuro.

• The future tense can also be used to express the probability of something happening or being true.

  No reconozco este carro. **Será** uno de los nuevos carros híbridos.

---

22 Vuelve a escribir las oraciones en el futuro.

   MODELO Los adelantos tecnológicos mejoran con el tiempo.
   Los adelantos tecnológicos mejorarán con el tiempo.

   1. Si reciclamos, nuestros hijos pueden tener un planeta sano.

   _____

   2. Todos los carros eléctricos son buenos para el medio ambiente.

   _____

   3. Los campesinos siembran sólo productos de cultivo biológico.

   _____

   4. Hay muchos problemas con la calidad del aire.

   _____

23 Contesta las siguientes preguntas usando el futuro de probabilidad.

   MODELO ¿Por qué los productos de cultivo biológico son más sanos?
   Será que los productos de cultivo biológico no tienen pesticidas.

   1. ¿Por qué no hay basura en el basurero?

   _____

   2. ¿Qué le pasará al bebé? ¿Por qué llora tanto?

   _____

   3. ¿Por qué el hombre tiene fiebre?

   _____

   4. ¿Por qué las fábricas ya no producen tanta contaminación?

   _____

GRAMÁTICA 2

Subjunctive with doubt, denial, and feelings

Main clauses expressing doubt, denial, or feelings require the **subjunctive** in the subordinate clause.

Expressions of doubt and denial:
dudar que, no creer que, no es cierto que, no estar de acuerdo en que, no estar seguro(a) (de) que, no es verdad que, negar que, parece mentira que

Expressions of feelings:
es triste que, es una lástima que, me alegra que, me frustra que, me gusta que, me molesta que, me preocupa que, me sorprende que

> **Dudo que** papá **vaya** a comprar un carro eléctrico.
> **Es una lástima que** la gente no **recicle.**

---

24 Completa las oraciones con el indicativo o el subjuntivo del verbo que corresponda según el contexto.

ser	tener	desperdiciar	existir	poder

1. Creo que _____ que reciclar.

2. No es verdad que _____ mucho desempleo.

3. Me preocupa que la calidad del aire _____ mala.

4. No estoy de acuerdo en que se _____ los recursos naturales.

5. Mi profesor dice que _____ mejorar nuestro planeta para las generaciones futuras.

25 Completa las siguientes oraciones con tu propia opinión. Usa palabras de **Vocabulario** y sigue el modelo como guía.

MODELO Me gusta que los jóvenes **se preocupen por el medio ambiente.**

1. Dudo que en el futuro...

   _____

2. Me sorprende que algunas personas...

   _____

3. Parece mentira que...

   _____

4. Es una lástima que...

   _____

5. Me alegra que...

   _____

Subjunctive and indicative with adverbial clauses

• **Adverbial clauses** that always contain the **subjunctive:**
a menos (de) que, antes de que, con tal (de) que, en caso de que, para que

Voy a comprar esas frutas **a menos de que sean** muy caras.

• Adverbial clauses that contain the subjunctive when they refer to a future
action (followed by the indicative for past or habitual actions):
cuando, en cuanto, después de que, hasta que, tan pronto como, sin que

Queremos sembrar **en cuanto llegue** la primavera. (future action)

Siempre reciclo las botellas **en cuanto están** vacías. (habitual action)

---

26 Completa las oraciones con la forma del verbo que corresponda.

1. Para que (disminuye / disminuya) _____ el hambre, todos debemos
ayudar a los que no tienen qué comer.

2. Tan pronto como (salga / salía) _____ de clases, iba a jugar al fútbol
con mis amigos.

3. En cuanto (llegues / llegabas) _____ , comenzará la manifestación.

4. Antes de que se (acaben / acaban) _____ los recursos no renovables,
debemos encontrar fuentes de energía alternativas.

5. Todos los días, después de que mamá nos (dejaba / deja) _____ en
el colegio, se iba a tomar clases de baile.

27 Completa las siguientes oraciones.

MODELO El hambre seguirá siendo un problema grave hasta que **las autoridades
hagan algo.**

1. Siempre reciclo los productos cuando...

_____

2. No voy a tirar estas botellas en el basurero hasta que no...

_____

3. Voy a apoyar la ley en contra de la contaminación para que...

_____

4. Pienso estudiar ecología en cuanto...

_____

5. Siempre participo en las manifestaciones cuando...

_____